正面管教

U0607666

刘博微 编著

中国出版集团
中译出版社

图书在版编目（CIP）数据

正面管教：智听版 / 刘博微编著 . —北京：中译出版社，
2020. 1

ISBN 978 - 7 - 5001 - 6172 - 1

Ⅰ . ①正… Ⅱ . ①刘… Ⅲ . ①家庭教育 Ⅳ . ①G78

中国版本图书馆 CIP 数据核字（2020）第 016201 号

正面管教：智听版

出版发行／中译出版社	
地　　址／北京市西城区车公庄大街甲 4 号物华大厦 6 层	
电　　话／（010）68359376　68359303　68359101　68357937	
邮　　编／100044	
传　　真／（010）68358718	
电子邮箱／book@ctph. com. cn	

策划编辑／马　强　田　灿	规　　格／880 毫米×1230 毫米　1/32
责任编辑／范　伟　吕百灵	印　　张／6
封面设计／泽天文化	字　　数／135 千字
印　　刷／山东汇文印务有限公司	版　　次／2020 年 7 月第 1 版
经　　销／新华书店	印　　次／2020 年 7 月第 1 次

ISBN 978 - 7 - 5001 - 6172 - 1　　　　定价：32. 00 元

前　言

　　作为家长，你是否也有类似的困惑：为什么随着孩子的长大，会变得越来越难以管教，软硬不吃，油盐不进？

　　出现这些问题并不奇怪，因为不少家长不懂正面教育。与传统的严父慈母式教育不同，正面管教是一种既不刻意"穷养"也不刻意"富养"、既不严厉也不娇纵的管教方法。正面管教提倡营造一种和善而坚定的家庭气氛，让孩子浸润在这种气氛中，自然而然熏陶出自律、责任感、合作以及自己解决问题的能力。

　　答案都是肯定的，如果我们能从一开始就从孩子的角度看待问题，设身处地地想一下我们的孩子为什么会这么做或者为什么会回答出这种答案，就可以很好地理解我们和孩子有哪些认知上的不同了。我们要用孩子的眼光看待孩子，时刻保持一颗童心，随着我们陪伴在孩子身边的时间延长，我们就会慢慢读懂我们的孩子这部书，渐渐地走进孩子的心灵视界，真正意义上成为孩子的好朋友，好导师。

　　时刻给予孩子爱、尊重与宽容，孩子的一生必将会因此而精彩和美好！

目　录

第一章　正确认识亲子关系

第二章　培养孩子积极乐观的心态

第三章　跟孩子交朋友

第四章　松开紧握孩子的手

第五章　让孩子自如社交

第六章　教孩子做情绪的小主人

第七章　帮助孩子克服性格弱点

第八章　引导孩子科学上网

第一章　正确认识亲子关系

亲子间的代沟

亲子之间，代沟总是不可避免的。

什么是代沟？代沟是指两代人因价值观念、思维方式、行为方式、道德标准等方面的不同而带来的思想观念、行为习惯的差异。

这是个晴朗的周末，许久不曾见面的奶奶来到了城里。

恰巧爸妈都出门办事儿去了，我便领着在农田里劳碌了大半辈子的奶奶来到了一家西餐厅吃饭，美其名曰："享受'小资'生活。"

奶奶不懂菜单，便和我一样也要了份七分熟的黑椒牛排。听闻这是西餐，等待上菜中的奶奶显得很是兴奋与期待，时不时地朝外张望一下。

牛排被端上了餐桌，我给奶奶铺上餐帕，摆上刀叉——她却犯了难："晴满，这个叉子怎么用？这不给筷子怎么吃？"奶奶试图将整块牛排叉起，奈何刀刀叉叉却如何也协调不了。

见此，我哭笑不得，在奶奶一脸惊讶的表情面前亲自演示了刀叉的用法。奶奶的眉毛几乎要皱成两条浓黑的蚯蚓了。她拿起刀叉，极不协调地切割着牛肉，一边将鼻子哼得"哼哼"响，还一边小声嘀咕着，似乎是在不满。我无奈地低头切自己的牛排——奶奶就是这么个性子，也无法改了。

"哎呦喂！噎得了！"奶奶突然大嗓门地惊叫。我忙抬头，见她正用小刀拨弄着切开了的一小块牛排，脸上的嫌恶毫无隐藏。"你先别吃！"奶奶按住我叉起肉块的手，无比紧张。"这牛肉没熟！你看，奶奶的这块和你的那块中间都是红色的，吃了不好！我一定要告他们这里的厨师！"奶奶飞快地说道，作势起身，口中还大声召唤着"服务员！""服务员！"

此时的阻止也无用了。我看着奶奶如喷连珠炮一般地向闻讯赶来的服务员吐槽着牛排，心中几分无奈，几分尴尬，几分好笑。

某种意义上说，代沟是时代进步的标志，但也是困扰交流与沟通的难点，且容易增加形成偏见和歧视的可能性，代沟两侧的人轻则互不理解，重则抱有敌意，所以要通过种种途径，做各种努力来跨越代沟、填平代沟。代沟是一种心理存在，良好的沟通方式可以让代沟之间曾经断裂的心理联系接续起来，从而达到交流的顺畅和相处的和谐。

要解决好代沟的问题，首先要明白为什么会产生代沟。

有人认为代沟的责任在于父母：父母用他们过时的思想来

引导孩子，会使处于叛逆期的孩子感到反感。父母以长者自居，认为不管怎样自己都是有道理的。

有人认为代沟的责任在于孩子：如今的社会纷繁复杂，互联网、追星族、不良电影和小说不绝于耳，出于对孩子的保护，父母会用自己的想法来指引孩子成长。而孩子却对此嗤之以鼻，认为父母的观点很俗套，不适应现在的生活环境，孩子也就不愿意向父母敞开自己的心扉，不愿意跟他们交流，只希望父母能单方面理解自己，自己却从未想过去理解他们。当父母尽他们最大的努力来跟上孩子的思维时，孩子却选择离他们而去。

我们不应该把代沟的责任简单地归结于父母或孩子，俗话说，一个巴掌拍不响。代沟往往是因为父母与孩子之间缺乏沟通而产生的。作为父母，作为孩子，到底应该如何去化解彼此之间的代沟，从而推倒这堵无形的墙呢？答案只有一个，那就是沟通、沟通、再沟通。

当亲子间产生代沟后，做父母的就该主动将它填平，否则必会影响双方感情。不要让孩子觉得你高高在上，让孩子把你当成最关心他们的长辈、最亲密的朋友，这样，双方的代沟就会少一些甚至消失了。

我们一起换位思考

一般而言，换位思考是指认同他人的情感、思想或态度的能力，或替代性地体验他人的情感、思想或态度的能力。

因此，所谓与孩子换位思考，就是父母站在孩子的角度去看问题。这就需要父母理解和体会孩子的想法，但是要做到这一点并不容易，很多父母对孩子早已形成自己的看法和结论，因此很少去留意孩子是怎么想的。

有一个富翁平生爱吃美味的食物，因此他家的厨房不但大，而且人手多，每个人都各有分内的工作，挑水的只管挑水，洗菜的只管洗菜，切菜的只管切菜，另外还有煮食的、烧柴的。

这些厨房里的工人天天做着相同的事，日子一久不免产生了厌烦的心理，每个人都认为别人的工作新鲜有趣又容易。有一天富翁突发奇想，让大家都试试交换工作的滋味。

交换工作后，只见一阵手忙脚乱，挑水的被刀子割破了手；煮菜的生火没生起来，却弄得一屋子烟；烧菜的挑水又不小心滑了一跤，摔了个四脚朝天；洗菜的则煮出一锅半生不熟的饭。饭没做好，每个人还挨了一顿责骂，从此再也没人对自己的工作不满了。

作为父母，在平时的家教过程中，当遇到孩子和自己想法或行为不一样时，是否会马上从心里否定他、对他的意见嗤之以鼻、对他的行为表示厌恶而没有从孩子的角度去换位思考呢？

其实，父母应该更多地思考：为什么孩子会产生这样的想法？为什么孩子会有与众不同的行为？孩子是不是看到了一些我们无法看到、无法理解的东西？

父母在指责孩子不听话的时候，是不是也应该考虑一下孩子内心的想法？是不是应该经常做一做"换位思考"：如果我是孩子的话，我会怎么做？

只有换位思考，设身处地地为孩子着想，才能避免和减少对话双方的戒备和猜疑，弱化和消除对话过程中的不愉快情绪。父母学会换位思考，能更好地了解孩子和教育孩子，从而使对话朝着父母期望的方向发展。

总之，父母与孩子进行换位思考，亲子之间的关系必将会更融洽。

扮演好家长的角色

父母要对自己扮演的角色有正确的认知，要明白自己在孩子成长过程中的重要性。这就进一步对自己提出了要求，父母必须要学会如何正确地引导与教育孩子，以使孩子在轻松愉快的家庭氛围中健康成长。

有位美国心理学家为了研究母亲对人一生的影响，在全美选出 50 位成功人士和 50 名有犯罪记录的人，分别给他们去信，请他们谈谈母亲对他们的影响，其中有封信是讲"分苹果"的事，给人们以深刻的启示。

信中写道：一天，妈妈拿出几个苹果，红红绿绿，大小不同。我和两个弟弟争着要大的，妈妈把那个最红、最大的举在手中，说："这个最大最甜，谁都想得到它。很好！现在我们来做一个比赛，我把门前的草坪分成三块，你们三人一人一块，负责修剪好，谁干得最快、最好，谁就有权得到它。"我们三人比赛除草，结果，我赢得了那个最大的苹果。我非常感谢母亲，她让我明白了一个最简单也最重要的道理。

社会心理学中的"角色"，是指个体在特定社会条件下，在一定群体中，所处的地位、身份和相应的行为规范、行为表现。一个人在与人交往时，只有扮演好属于自己的社会角色，才能得到周围人的认可，才能使自己的生活和谐，事业顺利。

然而，在现实生活中，很多家长有意无意地充当了以下角色。

1. 指挥官型

扮演指挥官角色的父母，是期望将事情置于自己可控制范围内的父母，他们要求孩子不要出现负面的情绪及感受，并且表现出"中规中矩"的样子，凡事不能出现偏差。命令与威胁是"指挥官"型父母最常用的语言模式。

2. 道德家型

道德家是个"应该先生"，凡事都用"应该""不应该"来衡量。这种"道德家"型的父母相当关心孩子是不是有"正当"的感受，他们像牧师般地劝诫孩子，总是告诉孩子"你应该这样做""你不应该那样做"。

3. 万事通型

"万事通"型的父母企图告诉孩子，大人走了一辈子的路，没有什么不知道的事情，所有问题的答案，都了如指掌。这些父母常用"训诫""劝告""说出理由"等方式，企图炫耀自己是多么地万能。

4. 法官型

"法官"型的父母不给孩子任何尝试的机会，就先宣判孩子的罪状，他们非常重视的事情，是证明自己是对的，而孩子是错的。

5. 评论家型

就像"法官"、"道德家"或"万事通"一般，"评论家"型的父母非常重视"对与错"的判断。不过，"评论家"型的父母常用嘲笑、辩论、讽刺或戏谑的方式，让自己居于孩子之上。

6. 心理学家型

"心理学家"型的父母试图分析问题。他们拥有最好的意图，想了解事情的来龙去脉以及所有的细节，因此，会站在比较好的位置，试图使孩子坦白一切。然而这类父母擅用的诊断、分析、探询方式，不一定会让事情得到恰当的处理。

父母应该扮演什么角色，又该如何做呢？

以下是专家提供的建议，供父母参考：

关注孩子的言行——不必承认什么，但必须学会观察和聆听；

花更多时间和孩子一起活动——培养孩子的计划能力和配合能力；

让孩子自己动手——只有体验才能激发孩子的成功欲望；

让孩子参与自己的事情——怕惹麻烦只能使孩子滋生胆怯；

让孩子自己设定目标——成为鸿鹄之前必须先学会筑巢；

不要过早地"拯救"孩子——挫折是成功的动力；

让孩子学会在广阔空间挑战——比赛和竞争是人生舞台的重头戏；

让孩子学会体验过程的乐趣——意志力和创造力比成绩更重要。

在孩子面前做好榜样

前苏联著名教育家马卡连柯曾经讲过："一个父母对自己的要求，一个父母对自己家庭的尊重，一个父母对自己每一行为举止的注重，是对子女最首要的，也是最重要的教育方法。"

很久以前，有一户人家，家里有五口人，三代同堂，爷爷奶奶、爸爸妈妈和一个儿子。爷爷、奶奶七八十岁了，老了，走不动了，爸爸妈妈很讨厌他们，觉得他们是一个包袱。两人一商量，决定把爷爷奶奶丢进大山里去。

一天晚上，他们把爷爷奶奶装进一个大竹篮里，把他们抬进大山。当他们正准备把爷爷奶奶扔下不管时，他们的儿子在旁边说话了："爸爸妈妈，你们把爷爷奶奶丢在大山里，这个大篮子就不要丢了。"

爸爸妈妈感到很奇怪，问儿子为什么呢？儿子回答："等你们老的时候，我也好用这个大篮子抬你们进山，把你们丢进大山里。"爸爸妈妈听后，心里慌了，他们意识到自己的错误行为，赶紧把爷爷奶奶抬回家，小心侍候。

榜样的力量是无穷的。无数事例证明，孩子最初的行为习惯都是从父母身上学来的。因此，父母要特别重视自己对孩子的巨大影响作用，时时处处为孩子树立榜样。

家庭教育是对孩子最直接、最经常、最深刻的教育，父母对孩子的影响力很大。生活中，很多家长非但不能给孩子树立起好的榜样，给困惑中的孩子以正面的引导，还因为自己的坏习惯，影响到孩子的成长。

具体有以下几种情况：

1. 懒惰庸俗，说话不文明，动不动就粗言秽语，出口成脏；

2. 有打牌嗜好，经常在家里开牌局，让嘈杂的麻将声干扰了琅琅的读书声；

3. 教育孩子的方式是说一套，做一套，要求孩子做到的，家长自己却没有做到。比如，要求孩子不要看电视，可自己却在客厅里把电视开得很大声，影响到孩子学习。

4. 带着孩子一起闯红灯，在孩子面前随地吐痰，在与人交谈的时候很不礼貌地嚼着口香糖。

所有这些，孩子耳濡目染，看在眼里记在心头，不知不觉就被污染了。

父母是孩子言行的示范者，是孩子人生道路上的第一任老师。父母举手投足间都在潜移默化地影响着孩子品德的形成。要想教育好孩子，父母必须时刻注意自己的言行，做好自我教育。

父母要学会道歉

每个家长都会教育孩子，做错事后一定要改正并道歉。但当自己做错了事时，却很少或从不道歉，尤其是不愿向孩子道歉……殊不知，父母学会向孩子道歉，正是家庭教育中的明智之举。

当孩子"闯祸"后，一些父母由于一时感情冲动，往往会对孩子进行不恰当的批评或惩罚。事后，父母又往往会后悔。这时，倘若父母能勇于真诚地向孩子道歉，用自己的行动补救自己的"过失"，则可以更好地和孩子沟通，并让孩子从中受益。

相反，如果父母不在乎孩子的感受，错怪了孩子仍理直气壮、死不道歉的话，伤害的将是孩子的心灵。

因里希·魏兰德出生在德国古城福希海姆一个世代都做银匠的家庭中，他家的首饰以精巧考究闻名全国，历代帝王和皇亲国戚每逢庆典，都指定要他家制作首饰、器皿和勋章。

出生于书香门第的母亲希望儿子魏兰德成为饱学之士，就带年幼的魏兰德到外祖父家住。魏兰德在外祖父的培育下，在数学、物理学方面打下了坚实的基础。

几年后，已经懂事的魏兰德被父亲领回了家，魏兰德请求父亲让他读书，而墨守成规、谨记祖先遗训的父亲却生气地说："读书有什么用？我们这样人家的孩子学点手艺才是正经的！"

不久，父亲为结算不清一个月首饰买卖的账目而气得暴怒不已，魏兰德却只花了一个小时，就把杂乱无章的账目结算得一清二楚。当魏兰德把结算好的账本捧到父亲面前时，父亲感动得眼眶里噙满泪水。经过整整一个晚上的思考，父亲深感自己不让孩子读书是错了，第二天一大早，他就毅然敲开了儿子的房门，郑重地向魏兰德道歉，并搂着他激动地说："你是对的，我支持你的请求，你好好读书吧！"

魏兰德在父亲的鼎力支持下，刻苦读书，22岁就取得了慕尼黑大学的哲学博士学位。

"金无足赤，人无完人。"父母说错了话，办错了事，甚至冤枉了孩子，都是难免的，关键是发生问题后父母怎样处理。父母和孩子相处，应该是民主平等的，不能摆家长架子。错怪了孩子，就要主动道歉，而且要态度诚恳，不敷衍。

有些父母认为这样做会有失尊严，其实不然，孩子是明理的。父母向孩子认错，会给孩子树立有错必改的榜样，会使孩子由衷地敬佩父母的见识和修养，从而更加信任父母，使一家人和睦团结，为孩子创造健康成长的良好环境。这样，父母的威信不但不会降低，反而更高了。

同时，在家庭教育中，父母如果从不向孩子承认自己的缺点、过失，孩子就会产生"父母永远正确而实际上老是出错"的观念，久而久之，对父母正确的教诲，孩子也会置之脑后；而如果在对孩子做错事后，父母能郑重地向孩子认错、道歉，孩子就会懂得承认错误并不是一件可耻的事，就会提高分辨是非的能力，尝到原谅别人的甜味。

凡是要求孩子做到的，父母自己也应该带头去做、认真做好。当父母违背了自己说过的话，要敢于向孩子承认错误、做检讨，孩子才会感到父母的说教真实可信，不是居高临下的骗人把戏。这样，孩子就会自愿、自觉地按照父母的要求去做，并在犯错后勇于承认。父母勇于向孩子认错，这是一种无言的人格力量，对孩子的一生都会有着深刻的影响。

忙不能成为理由

有位妈妈，一次下班时，天色已经很晚了，当她回到家里，看到五岁的女儿正站在小区门口等她。此时的她因为繁重的工作而感到身心疲惫，心情也坏到了极点，因此，她只是面无表情地带着女儿回到家……

"妈妈，"女儿叫道，"你能答应我一件事情吗？"

"什么事情？"

"我能到你单位去吗？"

"你瞎说什么，我在工作，又不是玩。"妈妈非常生气地说。

女儿看到妈妈凶神恶煞的样子只好默默回到房间里。

过了一会儿，妈妈感到自己不应该对孩子这么凶。

于是，妈妈来到女儿的房间，"你为什么想到妈妈单位去？"

"我老看不到妈妈，我想妈妈，到了妈妈单位就能看到妈妈了。"女儿小心翼翼地说。

女儿的话击中了妈妈的软肋，她感到最近一段时间对女儿的关心实在是太少了。自此以后，她每天下班后都立刻赶回家陪伴孩子，而且注重与孩子心灵上的交流，女儿也从原来的沉默寡言变得活泼、开朗起来。看到女儿健康快乐地成长，妈妈终于知道了陪伴的价值是多么的宝贵。

的确，孩子的健康成长需要父母的陪伴。忙其实不是忽视孩子存在的理由，称职的父母总会忙里偷闲抽时间陪孩子。陪伴孩子，决不会是枯燥无味，恰恰相反，你会获取无比的幸福和满足感，这种乐趣，是任何东西都无法取代的。更重要的是，在玩与学习的过程中，父母和孩子都会有意想不到的收获。

当前，由于生活节奏快、工作压力大，有些父母压根没有时间关注自己的孩子。他们一心为了事业、为了赚钱，一大早就匆匆赶去上班，很晚了才拖着疲倦的身躯回来，还要忙着做饭、做家务，吃过饭后立刻催促孩子回房间写作业，而自己又是加班加点到深夜，不知不觉中忽略了孩子的情感需要。

长此以往，在父母的忽视与冷淡中成长的孩子很可能会产生各种心理问题，如孤独、自闭、不善交际。据心理学家研究表明，缺少父母关注的孩子多数不能很好地与人相处，他们怕冒险、怕探索、怕接触陌生人。因此，孩子的健康成长需要父母的陪伴。

生于二十世纪六七十年代的人都会怀念过去大家庭的时代，那时，一家人吃过晚饭便在院子里乘凉、聊天，热闹非凡。到了春节，大家欢聚一堂，晚辈向长辈拜年，长辈向晚辈分发压岁钱，全家其乐融融。然而，今天的情况大不一样了，家长忙于自己的事情，孩子有着自己的乐趣，亲子关系就这样慢慢地变淡薄。一方面当然有着文化及社会变迁的缘故，另一方面也与家长缺乏民主态度来和孩子相处有关，为人父母总不会忘记在各方面给予孩子最好的，却唯独忘记要与孩子同乐。

亲子之间造成隔阂还有另一个原因，就是孩子和父母之间缺乏共同的兴趣爱好，从而造成孩子不愿进入成人的世界、成人也无法走进孩子的世界的局面。现在，大多数家庭的孩子都不愿意和父母一起玩，如果家庭时常出现争吵的气氛，家人便不可能一起同乐。但如果父母和孩子能够玩在一起，便能减少彼此间的敌意而产生和谐的气氛。

不管多忙多累，父母都不要忽视孩子的存在，在与孩子交流、玩耍的过程中，既可以缓解自己的工作压力，又可以增进亲子关系。

我们一起快乐长大

拜孩子为师不只是激发孩子学习热情的好方法，同时还是让孩子接受父母的好方法。在拜孩子为师的过程中，父母与孩子就像多年深交的老朋友，无话不谈。

凯忠的妈妈在学校听完教育专家的课后，决定采纳专家的建议，向孩子学习，与孩子一起成长。

回到家后，妈妈对已上初中一年级的儿子说："我想学习英语，我们单位要求每个人都必须英语过关，否则不给涨工资。我这些年没动英语，都忘光了，你来帮助我，教我英语行吗？"

凯忠听到这话，既觉得新鲜，又有些诚惶诚恐，他不好意思地对妈妈说："我的英语不好呀，我怕教不好你。"

妈妈说："你总比我强呀，我就从你们初中一年级的开始复习，我快点补课，有不会的就问你，等到我补到和你一样进度了，就由你教我。好不好？"凯忠说："试试吧！"

妈妈的单位也的确要求学英语，于是，她真的开始认真学习。她每次请教凯忠都表现得很虚心，而且还时不时地夸奖或感激他，这让凯忠非常上心，他觉得自己有责任教好妈妈。

为了能更好地教妈妈学习英语，凯忠的学习态度也有了很大的改变。他还专门请教了自己的老师，学习英语越来越努力了，成绩也不断提高。

当孩子是你的老师时，他的自我控制能力会增强，同时还可为父母提供有价值的、有创造性的意见和建议。除了和孩子一起学习、陪伴孩子成长外，在日常生活中，父母也完全可以邀请孩子做自己的小帮手，让孩子帮忙做一些事情。

看到他们做得好的地方，就向他们请教，让孩子来教你，这时孩子会非常得意，会干得更起劲。当孩子和你一起做完事情后，应当真诚地表示感谢，让孩子知道他的帮助对你是非常重要的。

同时，父母千万不能因为孩子能力不足，认为他们越帮越忙而拒绝或敷衍他们，这样最容易打击孩子的热情和积极性。孩子是在锻炼中成长的，与父母合作的愉快经验，有助于指导孩子与他人的合作，培养他们良好的团队精神和协作能力。

一个认真求教的、谦虚的家长比高高在上、发号施令的家长更易于让孩子接受，也更容易与孩子建立起快乐、平等、和谐、融洽的亲子关系。因此，我们说，要维持亲子关系，父母与孩子同步成长很重要。

在现实生活中，很多家长在传统教育观念的影响下，总认为家长就应该高高在上，孩子就应该服从家长，听家长的话。在这种观念的影响下，别说让家长与孩子一起成长了，就是跟孩子进行平等的沟通都很难。

与孩子一起成长，还表现在父母要与孩子一起学习，甚至在某些时候虚心地向孩子学习。如果父母发现孩子的长处和优点，而自己却不具备时，父母就应该主动扮演受教育者，向孩子请教，向孩子学习。

总之，陪伴孩子一起成长，收获的是两份快乐！

学会听孩子解释

生活中，类似的事例数不胜数，在家长看来，犯了错误还要进行解释的孩子是在做无谓的狡辩。他们认为，孩子跟大人

"顶嘴"为自己申辩就是一种没有礼貌的行为，所以，听都不听孩子的申辩，就给予了否定的态度。

明明今年六岁，读幼儿园大班。有一天，表妹来了，明明把表妹带到他的卧室玩。

刚开始，妈妈还听到两个小家伙在房间里玩得挺开心的，但过了不久，就听见房间里传来了表妹的哭声，妈妈闻声跑进去，发现明明居然拿玩具熊打表妹的头，妈妈赶紧把两个孩子扯开，并且批评明明说："你再打表妹，妈妈就不要你了！"

明明刚想解释说："是因为……"妈妈就打断了他："你打人还敢顶嘴？"然后强令两个小孩在不同的房间玩。

从某种意义上说，孩子懂得"顶嘴"是孩子有自己的主见的表现，有些时候，孩子并不是想"狡辩"或者"顶嘴"，他们只是想为自己的行为申辩而已。

然而，父母却剥夺了孩子辩解说明的权利，这样的强制性的行为可能会给孩子的成长带来一系列危害：

第一，使孩子产生逆反心理。

第二，使孩子形成认识障碍。

第三，扼杀孩子的新思想。

强行遏制孩子去申辩、解释的行为是不明智的，父母一定要抱着民主、理性的态度去对待那些喜欢"顶嘴"的孩子。

在此，专家提出了以下建议：

第一，宽容对待那些喜欢"顶嘴"的孩子。爱"顶嘴"

是孩子在成长过程中的正常"诉求"，他们通过申辩以表明自己的立场与愿望，这是孩子自我意识较强的表现。

第二，耐心倾听孩子的申辩是有必要的。孩子需要申辩，说明他有表达"委屈"的愿望。

第三，为孩子营造辩论的氛围。在孩子为自己的行为申辩时，父母不妨因势利导，充分让孩子申辩，培养他们敢想、敢说的良好习惯，这样做的目的，能使孩子既明事理，又练口才。

第四，引导孩子学会自我分析。让孩子申辩并不是让孩子牵着大人的鼻子走，而是鼓励孩子说话、表达的时候认识到自己的谬误，正视存在的问题，鼓足信心去克服它。

最重要的是，父母不要把孩子的"顶嘴"与自身的"权威意识"挂上钩、把孩子的争辩和不讲礼貌混为一谈，唯有如此，才能让孩子在争辩中清楚地认识到自己的对与错，从而更坚定正确的想法。

给孩子积极的鼓励

来自他人或自我的心理暗示，都会对人生产生巨大的影响。积极的心理暗示能唤起自信，自信能激发热情，调动积极性，从而使一个人奋发向上，取得意想不到的进步。相反，消极的心理暗示则使人丧失自信，降低动机水平，最终放弃努力，一事无成。

"你就是那样的人，真是无可救药了……"常常听到父母如此训责孩子、为孩子贴上标签。父母的负面评价不仅在当时会令孩子不快，而且会在他的潜意识里留下很深的痕迹。

在第二次世界大战期间，美国曾组织一批正在监狱服刑的犯人上前线作战。

出发前，美国政府特派了几个心理学专家对犯人进行战前训练和动员，并随他们一起到前线作战。训练期间，心理学专家并未对犯人进行过多的说教，而是让他们每周给自己最亲的人写一封信。信的内容由专家统一拟订，叙述的是犯人在狱中如何接受教育，改过自新；等等，每一封信都告诉亲人，自己的表现非常非常好。

专家要求犯人认真抄写后寄给自己最亲的人。

三个月后，犯人开赴前线，专家又要求犯人在给亲人的信中写自己是如何服从指挥，如何英勇作战；等等。自然，亲人的回信都充满了惊喜和赞赏。

结果，这批犯人在战场上的表现比起正规军来毫不逊色，他们在战斗中正如他们信中所说的那样服从指挥，英勇战斗。

一个人的成长尤其是在儿童时期，不但受制于先天的遗传因素，更脱离不了后天环境的复杂影响。在种种影响因素中，社会评价和心理暗示的作用非常之大。孩子被别人下了某种结论，就像商品被贴上了某种标签。当被贴上标签时，就会容易使自己的行为与所贴的标签内容保持一致。这种现象是由于贴上标签后而引起的，故有人称之为"标签效应"。

正面管教

标签之所以会产生效应，是因为在孩子的心目中，父母就是自己的模仿对象，父母的一言一行深深影响着孩子对生活的态度，而孩子往往缺少主见，总是无条件无意识地承认和接受父母对自己的评价，却又无法对这些评价做出客观的评判。

既然消极标签会引导孩子走向消极面，那么，积极"标签"是不是就可以把孩子引向积极面呢？答案自然是肯定的。有些父母可能不知道，成功的孩子时常都得到大人的"助推起动"——这正是孩子起步时所需要的。父母的建议、鼓励、信任，都是孩子不怕失败、敢于进取、迈向成功的"助推剂"。

一份调查显示：90%在品质、意识和智力方面有出色表现的人，几乎在自己的童年或少年时期都受到过来自亲人的积极暗示，最多的是来自父母。积极的暗示是表达爱的情感，而不是夸张、夸耀或对缺点的掩饰。用积极、正面的语言肯定孩子，夸大孩子的优点，缩小缺点，营造"我能行"的心理氛围，孩子的好习惯和情绪就会接踵而至，这也是所谓的"暗示教养"。

专家认为：积极的暗示，特别是来自亲人、朋友或老师的暗示，肯定会对孩子心理、心智方面产生良好的作用。所以，无论是家庭教育，还是社会教育，都应给孩子宽阔的发展空间，并培养孩子的自我调节能力。

激发孩子改善自己行为的最终目的是鼓励他成为一个好孩子，在这一基础上，我们才能要求他摒弃不良行为，力求上进。如果父母急于给他下结论，贴标签，使他相信自己不可救药，又怎样能够振作孩子的上进精神，改善他的行为呢？父母在与孩子交谈时，一定要注意到自己的话可能对孩子产生的效果，看看是否有负效果。

　　总之，父母千万不要随便给孩子贴标签。

第二章　培养孩子积极乐观的心态

积极乐观很重要

面对同一种情况，不同的人拥有不同的心态，从而产生不同的结果。悲观者永远只会看到失望，而乐观者则能看到希望。

诚然，有些孩子天生就比较乐观，有些孩子则相反。但心理学家发现，乐观性格是可以培养的，即使孩子天生不具备乐观品质，也可以通过后天的努力来实现。儿童期是心理发展最为迅速的时期，对孩子一生的成长和发展至关重要。父母应当重视孩子的乐观主义教育，使孩子得到健康、全面的发展。

沙海连天的沙漠中，两个人在艰难地跋涉中，见到剩下的半瓶水，悲观者说，"哎，只剩半瓶水了"；而乐观者则说，"呵，还有半瓶水呢！"最后，悲观者永远留在了沙漠，而乐观者则走出了沙漠。

孩子的乐观首先来自家庭和谐、幸福的气氛，来源于父母的乐观、自信、幽默、豁达，来源于父母能够切实地帮助孩子正确对待并战胜他们面临困难的勇气。平时，父母要用自己的乐观精神感染孩子，这样，即使在以后的生活中孩子碰到困难挫折，也能始终保持健康的心态，具备极强的心理承受力，从而克服困难，实现既定的目标。要知道，一个有着童年的幸福与温馨回忆的人，胸中会永远充溢着幸福。

那么，父母应如何培养孩子乐观的心态呢？

第一，给孩子一个快乐的家庭。家庭的气氛、家庭成员之间的关系在很大程度上会影响孩子性格的形成。

第二，不要对孩子控制过严。作为家长，当然不能对孩子不加管教、听之任之，但相反，控制过严却又会压制孩子天真浪漫的童心，对孩子的心理健康产生副作用。不妨让孩子在不同的年龄段拥有不同的选择权。

第三，教会孩子与他人融洽相处。与他人融洽相处有助于培养快乐的性格，因为与他人融洽相处者，心中的世界较为光明、较为美好。但要与他人融洽相处也并不容易。

第四，鼓励孩子多交朋友。父母要鼓励孩子多交朋友，为孩子创造与同龄人交往的机会。

第五，让孩子爱好广泛。开朗乐观的孩子心中的快乐源自多个方面。一个孩子如果仅有一种爱好，就很难保持长久快乐。

第六，生活不宜过分优裕。物质生活的奢华反而会使孩子产生一种贪得无厌的心理，而对物质的追求往往又难以自我满足，这就是贪婪者大多并不快乐的真正原因，相反，那些过着普通生活的孩子往往只要得到一件玩具，就会玩得十分快活。

第七，引导孩子摆脱困境。人不可能事事称心如意，因而再乐观的人也不可能"永远快乐"。但乐观者的可贵之处在于他们能很快从失意中重新振奋起来，并把沮丧丢在脑后。

第八，让孩子拥有自信。一个自卑的孩子往往不可能开朗乐观，所以家长要让孩子从小就充满自信。

赞美孩子自己的成就

作为父母，应该赏识孩子的勤奋和努力，对他们的努力给予最热情的支持和鼓励。不要因为自己孩子的不聪明而气馁，而应该为孩子的不努力而担心。始终记住一句话："所谓天才，是百分之一的聪明加百分之九十九的勤奋!"很多情况下，父母应该故意淡忘孩子的聪明，而重视孩子的努力，并把这种理念传递给孩子，让他们感觉到只有努力才能获得父母的认可和夸奖，进而逐渐明白一个道理：聪明往往只能决定一时的成败，而努力则决定了一生的命运。

丁俊晖是家喻户晓的"神童"，他曾在中国斯诺克台球公开赛上打败了七届世界冠军得主亨得利。但是如果以普通家长的眼光来看，他不是个聪明的孩子，因为他学习成绩不好，为了打台球还荒废了不少学业。

丁俊晖的父亲是个台球爱好者，一次和朋友玩台球时，被对方做了一杆很棘手的斯诺克，父亲束手无策。站在一边不到十岁的丁俊晖却主动要求替父亲打。让父亲感到意外的是，小丁俊晖不仅解了对方所做的斯诺克，还一杆清盘，替父亲赢了对方。

通过对丁俊晖的观察，父亲觉得孩子有这方面的潜能，为了培养孩子，一家人决定背井离乡，还倾尽所有送丁俊晖去英国练球。父亲发现和放大了丁俊晖的优点，最终成就了丁俊晖。

是的，父母应该努力发现并且放大孩子身上的优点，这是一种创新的家教方法，也是当代家长最有效地激励孩子成长进步的方式。

任何一个人，渴望被别人肯定的心理需要大大超过被别人否定的心理需要。这个规律大多数家长都懂，也都想多表扬孩子，但往往觉得找不到孩子值得表扬的优点，这该怎么办呢？其实，方法很简单，只要父母在日常生活中多留心，拿着放大镜观察，就总能发现孩子有进步的地方。

著名教育专家孙云晓教授在浙江举行的"'忠告天下家长'报告会"上为现场的家长布置了这样一道"家庭作业"——"你今天回家去发现孩子的优点，能够发现十个的，是优秀的家长，能够发现五个的，是合格的家长，不能发现的，是不合格的家长。"孙云晓同时还指出："成功家长与失败家长的区别是，前者将孩子对的东西挑出来，把他的优点挑出来，而不明智的家长，一眼就看到孩子的缺点……人有八种智能，而学习好的人，只是语言智能和数学智能较好，而不同人的优势是不一样的。只要家长用心观察，就一定能够发现孩子的优点。"

那么，父母应怎样发现并放大孩子的优点呢？

第一，不要老盯着孩子的缺点。对于孩子来说，父母的话具有很大的权威性。父母不仅不要整天把孩子的毛病、缺点挂在嘴上，不停地数落，更不能对孩子说结论性的话，比如说"笨蛋""你真没治了"等话。千百年来，我们的教育观念，就是先找孩子的缺点，然后不断地提醒、警告，让他改掉缺点。总认为改正了缺点，孩子就进步了，就提高了，没缺点了就完美了，完美了就杰出了。这个理论是不对的、不可取的。

第二，用发展的眼光看待孩子。不要把孩子看"死"了。只要细心观察孩子，就会发现孩子有进步的地方。可能对问题的认识提高，分析问题能力增强，可能某方面科学文化知识增加，可能一次作业进步或者一次考试进步，可能在劳动或公益活动方面表现较好，可能文艺、体育取得好成绩，可能有什么小发明、小制作等。关键的是要拿孩子的今天比昨天、比前天，而不是跟别的孩子比，哪怕发现一点微小的进步，也应及时肯定，不应该由于横着比或高标准要求，而认为这点进步不值得一提。应该想到"星星之火，可以燎原"，优点是一步步发展的。

第三，适当夸大孩子的进步。孩子即使没有进步，父母也应该寻找机会进行鼓励。如果孩子确实有了进步，父母就应该及时夸奖他们"进步挺大"。这样一般都可以调动孩子心中的积极因素，促使孩子期望自己取得更大的进步，孩子就有可能取得"事半功倍"的奇效。

该夸孩子及时夸

及时夸奖孩子的良好行为，有利于帮助孩子塑造正面行为和习惯，从而避免和减少孩子任性、逆反、不听话等负面行为。

著名的教育专家陶行知也深刻指出：教育孩子的全部秘密在于相信孩子和解放孩子，而相信孩子、解放孩子，首先就要学会及时夸奖孩子。

某校曾经做过这样一个实验：期末考试之后，校长分别在不同时间内对两个班级考试成绩差不多的两组孩子做出评价。

对第一组孩子，校长在考试成绩出来的当天就表扬了他们："成绩真不错，你们都是聪明的孩子，继续努力吧。"

对第二组孩子，校长一直等到下一个学期开始之后，才对他们说："你们上学期考试成绩不错！"

一个学期以后，第一组孩子因为受到了校长及时的赞扬和鼓励，学习成绩有了明显的提高。他们一致认为是校长的赞扬让自己对学习充满了信心，学习劲头也更足了；而第二组孩子的学习成绩却没有明显进步。虽然校长赞扬了他们，但时间已经相隔太久，他们根本没有察觉到这种表扬，所以他们的学习积极性也没有太大的变化。

每个人或多或少都会有被肯定、被夸奖的需要，孩子更是这样。当他乐颠颠地把刚画好的一幅画捧到你面前时，当他兴冲冲地把在学校里得到的红花放在你手心时，当他扶起了不慎摔倒在地的小伙伴时，当他讲完一个故事时，当他叠好一件衣服时，他的眼睛往往会盯着你，充满着期待，他是在期待你的夸奖啊！

当孩子确实值得夸奖时，父母不要吝惜，要及时作出反应，马上就给予孩子积极的评价。要知道，夸奖是有时效性的，如果错过了夸奖的最佳时机，夸奖的效果就会大打折扣，孩子的表现就不会达到父母所期待的目标。

每个孩子都希望获得父母的认同。他们通过自己的努力，在学习或者比赛中取得好成绩，这是多么值得父母赏识的事情。这时候，父母应该为孩子感到高兴，应该及时给予热情的赏识和赞扬。让他们感觉到父母正在为自己的出色表现而骄傲。

有时候，孩子需要的不仅仅是父母一句赞扬的话，他们也需要得到父母的重视和关心。如果父母没有对孩子的成绩表示出及时的关注，会让孩子感到失望，而这种失望很可能会使他们失去继续努力的动力。

及时赞赏孩子的优点，表现出对孩子真心的赏识和热切的期望，能让孩子感受到一种强大的精神力量，能让孩子更加努力和自信，从而促进其智能发展和身心健康，大大增强孩子对学习和生活的信心和勇气。

总之，作为家长，要时刻关注孩子的每一个小小的闪光点，及时夸奖和鼓励，让孩子产生成就感和自豪感，促使孩子不断进步。

孩子需要幸福感

有位教育专家戏称："傻孩子""笨家长""苦老师"越来越多，似乎谁也不幸福。学习负担的加重让孩子过早失去了本应有的幸福时光，除了学习，孩子和父母的生活没有了别的主题。最终，父母培养出的孩子可能会成了物质上的富翁、精神上的贫民、幸福指数上的乞丐、价值观上的糊涂虫。

这是一节名为"我的幸福"的主题课，由一个刚刚参加完培训的老师上的。她说："同学们，现在我们每个人都被家人当作宝贝，每个人周围都有爸爸、妈妈、爷爷、奶奶爱着；在物质上，我们要什么就有什么；星期天可以游泳，放假了还可以旅游……那么，在这样的生活状态里，我们一定感到很幸福了……"

话音未落，孩子们齐声回答："老师——，我们不——幸——福！"

这个回答太让人意外了。那个老师非常尴尬，愣在那儿了。这也不能怪她，因为过于年轻，她不知道现在的孩子们到底处于一种什么样的境地。

她以为孩子们没听明白，还想继续引导。她说："老师小时候就不如你们了，因为经济方面的原因，连糖都吃不上。所以，老师那时候所向往的最最幸福的事儿就是能够拥有很多很多的糖，一房子糖，甚至一间用糖做成的房子，连书桌、椅子、床、枕头也是用糖做成的，这样，当我想吃糖的时候呢，伸出舌头随便在哪儿舔一下就可以了。"

孩子们一听，全都大笑起来，说老师你真傻，太傻了，你怎么会喜欢吃糖呢，你怎么能喜欢这样的东西，还把拥有糖当作最幸福的事儿？

这一下，那个老师彻底蒙了，她不明白这些孩子为什么会是这样。脸腾地红了，手脚都不知道往哪儿放。好半天才反应过来，她就问："那你们向往的幸福是什么呢？"

这一问，全班一下子活了，全都举起手来，其中一个十岁的男孩，在文化课学习方面是年级第一，他站起来说："老师，我的幸福是星期六、星期天的早晨可以躺在床上睡懒觉。"另一个女孩等不及了，抢着喊："我的幸福是放长假，到沙滩上去玩。"这时，大家的讨论更热闹了，孩子们渴望的幸福五花八门：买一大堆零嘴坐在床上吃；爸爸妈妈不要老是叨叨；学校老师少留点家庭作业；他们家买的彩票得了大奖；他的床放在百货大楼里，一边是货架，一边是游泳池……孩子们太渴望幸福了，但是这样的幸福多少让那个老师感到吃惊。

当今，社会财富迅速增加，但人们的幸福指数并没有随财富的增加而增加，反而降低了许多。这一现象尤其在孩子身上体现得更为明显，而抑郁症等各种心理障碍的低龄化，正说明了这一问题，认真分析，原因大概有以下几个方面。

第一，父母错误价值观的引导。传统文化中，把享受看的比较单一，认为有钱了，吃好、穿好、住好就是享受，尤其把这一观念加在孩子身上，对孩子的影响较大。

第二，社会不良风气的影响。当今社会，物欲横流，饭店、服装店、化妆品店生意火爆，相比之下，书店等地却显得冷冷清清，在学校里很多孩子之间相互攀比，追求物质享受。

第三，不良的家庭氛围使孩子形成了虚荣、攀比心理。一是一些家长不能营造轻松、和谐的家庭氛围；二是父母喜好虚荣，乐于攀比，对孩子产生较大不良影响。

第四，没有给孩子真正想要的。有的父母认为只要满足了孩子的物质需求，其他就无所谓了，以至不关心孩子的心理需要。

第五，亲子之间沟通少或沟通方式不合适。在有的家庭，孩子对父母不信任，甚至有敌意，这就造成了孩子不能及时把自己的真实想法反馈给父母，而父母则不能掌握孩子的真实感受。

父母是孩子最亲密的人，父母不应夺走孩子的幸福，不管是有意的还是无意的，父母都应尊重孩子的生活，把幸福还给孩子。有父母感叹，如何才能给孩子幸福呢？其实，给孩子幸福的方法很简单，只要参照以上的条项，一点一点给予纠正就可以了。

在挫折中成长起来

每个孩子都是父母的"宝贝"，而每位父母都无一例外地希望自己"宝贝"今后的人生能够一帆风顺。可是，永远一帆风顺的人生是没有的，每个孩子在成长的过程中，在他们通往成功的路途中，都不可避免地要经历许多挫折与坎坷。对于孩子来说，挫折无疑是一块"磨刀石"，一个经"挫折"打磨过的孩子，才能拥有坚如磐石的意志，变成闪闪发光的钻石。

初生的小狐狸在狐狸妈妈无微不至的关怀和照料下，越来越可爱，越来越强壮。妈妈教给小狐狸如何觅食、如何防止猛兽袭击等种种生存之道。小狐狸长到三个月的时候，正值隆冬，大雪纷飞。

狐狸妈妈看着日渐长大的小狐狸，认为是该让孩子"独立生活"的时候了。她把小狐狸叫过来，告诉它，从今天起，路就靠你自己走了。小狐狸还没明白过来，妈妈就强行把它推出了洞穴。小狐狸望着白茫茫的世界，害怕极了，它接二连三地想重新回到妈妈身边，重新回到那个充满了温馨的洞穴，但每次都被妈妈强行推了出去。

无奈，小狐狸渐渐放弃了回到妈妈身边的念头，孑然一身，满怀疑虑地向前走去，一望无际的雪地上留下了它歪歪斜斜的足迹。望着小狐狸渐渐消失的身影，狐狸妈妈含泪笑了。

一位世界著名的儿童心理卫生专家说："有十分幸福童年的人常有不幸的成年。"的确，很少遭受挫折的孩子长大后会因不适应激烈竞争和复杂多变的社会而深感痛苦。

让孩子受挫有很多好处：

好处一：挫折是生活中的别样阳光。如果孩子在受到意想不到的外力冲击时能迅速反弹起来，表明他看到了自己身上的力量。每一个问题的解决都会让他感受成就的快乐，获得自信和探索的勇气。

好处二：当孩子确认自己已经走入了一条死胡同时，尝试另辟蹊径的结果很可能是柳暗花明。

好处三：经过逆境的打磨，孩子慢慢学会逆事顺办，学会控制自己的情绪，形成坚持和执着的品性，为人生中的种种困境罩上希望的光环。

近年来，一种旨在提高孩子对挫折心理承受力的教育已在发达国家兴起。这种教育的核心是培养孩子的自信心和乐观精神。人们已深刻认识到：物质条件的优厚并不是与孩子的幸福感觉成正比的，在适当的物质生活保证下，要教会孩子除了物质以外，如何在内心创造一种快活的情绪。

那么，"挫折教育"应如何开展才能达到良好的效果呢？

第一，给孩子贯彻遭受挫折的思想。在现实生活中，不遭受挫折是不可能的。

第二，人为地给孩子制造挫折。有些孩子生活过于优越，在生活中遭到挫折的机会也很少。这种孩子在顺境中应对自如，但一旦遭到挫折，便一蹶不振，对生活失去信心。对于这样的孩子应人为地设置障碍制造挫折，以训练其对逆境的忍受能力，以求更好地适应生活。

挫折教育不是棍棒教育

早在两千多年前，大教育家孔子从自己的教育实践中得出了"艰难困苦能催人立志、逼人自强、迫人生智、导人修德"的育人规律，他认为，挫折和挫折教育能造化出"担当大任"

"定国安邦"的特殊人才。

诚然，随着社会的进一步发展，当前，越多越多的父母开始重视对孩子的挫折教育，但在此过程中，也存在一定的误区。具体表现在以下几方面：

第一，对挫折教育本身认识的误区。现代独生子女在其成长过程中，父母总想方设法排除一切干扰，让其顺利成长，缺少甚至没有困苦和磨难。父母应正确看待挫折的教育价值，把它看成是磨炼意志、提高适应力和竞争力的有利武器。

第二，挫折教育就是吃苦教育。很多父母误认为，挫折教育就是吃苦教育。于是，以吃苦教育为主的各种夏令营火热起来了：去旷野跋涉、到深山探险、调查农村人民的生活、寻访边缘的穷山村。挫折教育并不是一朝一夕的事，也不是单靠几件事就能见效的，应该在生活中的方方面面有意识地进行，坚持不懈地培养孩子的抗挫折能力，最终让孩子拥有强劲的翅膀，唯有这样，孩子才能在人生的天空中自由地翱翔。

第三，挫折教育就是"针尖"对"麦芒"。至今一些自认为懂得挫折教育的父母还认为，挫折教育就是批评、罚站、不给吃饭，与孩子对着干，让孩子服输，等等，甚至有的父母认为孩子是必须打的，不打不成才，这也就是我们平时所说的"针尖"对"麦芒"。其实，这种强行措施不仅很难生效，而且往往会加重孩子的逆反心理。在这种教育方式下，孩子的发展受到了很大的压制，并易产生心理障碍。

第四，过度预期孩子的能力。不要说"你肯定是第一名""我最希望你考一百分"等，不要让孩子觉得只有第一名，爸妈才会喜欢，如果做不到，就不喜欢他了，这会使他不愿意面对挫折和失败。

第五，嘲笑孩子。孩子缺乏经验，遭遇挫折是难免的。父母不应嘲笑孩子，或责怪孩子这错那错，而是应该在平时多注意培养孩子养成胜不骄、败不馁的品质，并在克服困难方面为孩子树立榜样。

第六，缺乏挫折心理疏导。很多父母因观念上的原因，以为挫折教育仅仅是让孩子吃点苦，接受一下失败，他们往往只把挫折摆在了孩子的面前，却忽略了如何在心理上引导孩子正确面对挫折和遭遇挫折之后该怎样去做。

总之，父母不要总是对孩子苛刻的批评、高声漫骂和严厉责打，而是要有的放矢地进行有效教育。只有这样，挫折教育才能收到预期的效果，也只有这样，孩子才能因为挫折变得茁壮坚强。

第三章　跟孩子交朋友

读懂孩子的心

我们身边经常会出现这些画面：

孩子哭闹不止，父母以为孩子是任性，不但不劝慰，反而一顿打骂；

孩子说长大了要开一间世界上最大的玩具店，却被父母斥责为异想天开；

孩子爱画画，却陷入程式化中，父母直摇头；

……

类似这样的场景时常发生在我们身边，父母总是抱怨孩子不懂事、调皮捣蛋、没天赋……但父母有没有想过，孩子真的是这样的吗？

有人把教育者比作园丁。在很大程度上说，父母希望孩子早日成才的心情和农民希望庄稼快快成长的心情是完全一样的，可做法却往往不同。

　　农民日思夜想的是庄稼需要什么，怎样满足庄稼的需要？父母为教育孩子彻夜难眠，但有没有想过孩子心灵深处的需求是什么？怎样满足孩子的精神需求呢？

　　庄稼长势不好时，农民从不埋怨庄稼，相反，总是从自己身上找原因；孩子有缺点时，许多父母却一味指责，很少想过自己的责任，很少在自己身上找原因。作为家长，你是否真正关注过孩子的内心世界？你是否真正与孩子一起成长？你是否真正读懂孩子的需求？

　　诚然，孩子需要父母的关爱，这种爱不仅仅是给孩子丰富的物质生活，还要求父母进入孩子的内心世界去了解他们，让孩子接受父母。而父母要想被孩子接受，就要选择合适的位置，倾听孩子的心声，了解他们的内心世界。如果父母动不动就居高临下审视孩子一番，或是没头没脑训斥孩子一番，孩子就会在心里对父母产生反感，从而排斥父母。试想，当孩子对父母有了这样的心态，还怎么会听父母的话呢？

　　我们每一个人都渴望能和别人平等交流，能有人坐下来认真地听听自己的心里话。而我们的孩子也一样有这种需求，也许我们认为孩子所做的许多事情不尽如人意，也许我们觉得孩子的有些想法根本就不屑一顾，但请记住，不要对孩子过多地挑剔指责，也不要将不屑一顾的表情尽情展现。否则，孩子不会和你说心里话。

　　如果父母不能与孩子在心灵上进行沟通，那么即使掌握了再多教育孩子的知识和方法，也是没有用的。反之，父母如果能真正放下架子，走进孩子的内心世界，那么，许多困扰父母的问题也就迎刃而解了。

当前，很多父母都发出如此感叹：孩子越大，却越不懂孩子了。这也难怪，孩子小的时候，父母处处以一个长者的身份教导着孩子的一言一行，并不曾真正体会孩子的感受。

当孩子渐渐长大，父母和孩子只能是越走越远，从而难以把正确的思想和经验传递给孩子，导致教育的失败。但如果父母从一开始就能做到和孩子一起成长，那么，父母会发现，在孩子慢慢读懂这个世界的同时，自己也就慢慢读懂了孩子这部书，走进了孩子的心灵世界。

读懂孩子的心并不难，只要你愿意做一个有心的家长。

学会互相分享

家庭应是充满理解信任、能够让孩子身心轻松的场所。家长是孩子的第一任教师，这样孩子才会觉得家长是可信赖的朋友，乐于和家长交流商讨，从而有利于孩子的开朗、坦诚、坚韧等良好心理素质的形成。作为家长，应向奥巴马学习，懂得在孩子的生活中设置快乐的元素，因为与人分享快乐就是给予别人的一种爱，反之，如果快乐没有人分享就是一种惩罚。

无论工作压力有多大，美国总统贝拉克·奥巴马都会尽量与妻女共进晚餐，分享一天的喜怒哀乐，有时还玩一种名叫"玫瑰和刺"的游戏。

身为"总统老爸"和"第一夫人妈妈"，奥巴马夫妇秉持几点准则，努力为十一岁的马莉娅和八岁的萨沙营造一个严格而自由的环境，希望她们能像普通孩子一样健康、快乐成长。

有人说，我们不见得都喜欢我们所赏识的人，但一定喜欢赏识我们的人。人同此心，心同此理。家长与孩子分享快乐，孩子就一定会更亲近家长。

日本作家森村诚一说过："幸福越是与人分享，它的价值便越会增加。"所以说，"分"的人是幸福的，因为他实现了自己存在的价值；"享"的人是快乐的，因为他感受到了真爱和友谊。

"一份快乐与人分享，就会变成两份快乐；一份痛苦两人分担，痛苦就只有原来的一半。"父母要学会与孩子一起分享喜怒哀乐，在分享的过程中，父母与孩子的关系才会越来越亲密，心与心才会贴得更紧。我们每个人都有这样的心理体会，当自己有喜怒哀乐时，总想和人一起分享。

其实，家庭教育的过程就是家长与孩子互相融合的过程，与孩子一起分享喜怒哀乐，意味着家长更多的是展示，而不是灌输；是引领，而不是强制；是平等地给予，而不是居高临下地施舍。如果因为忙而忽略了与孩子分享情感的需要，也就等于剥夺了孩子健康成长的养料，阻碍了孩子全面发展的进程，还会给孩子造成性格和心理的缺陷，这样的家长不管有什么样的理由，都是不称职的。

家长和孩子一起分享喜怒哀乐，无论是对于孩子还是家长，都是非常有益和重要的。孩子在分享后对家长更加敬重，家长在分享后学会了对孩子理解和宽容。有了分享，孩子的缺点与问题家长可以及时地发现，并根据情况进行有效地引导、解决；有了分享，孩子对家长抵触的情绪减少了，逆反心理没有了，更容易接受家长的教育。

分享使孩子不再孤单，分享给孩子带来爱的曙光，分享给孩子送去前行的希望，分享能使孩子身心健康地成长。因此，父母要学会和孩子分享喜怒哀乐。

平视孩子的眼睛

要去了解、引导孩子，应该蹲下身子，拉近跟孩子的距离。一位从美国费城考察回来的专家，曾经这样深有感触地说过："美国的父母不像中国的父母偏向吼骂的教育方式，他们责备孩子时，一定会蹲下来，让自己的眼睛和孩子的眼睛处在同一高度上，然后握住孩子的手，轻声地和孩子说话。他们认为，在蹲下与孩子目光平视的时候，无形中，孩子便会乖乖听话了。"

在一个圣诞节的晚上，一位年轻的妈妈带着五岁的女儿去参加圣诞晚会。

热闹的场面、丰盛的美食、还有圣诞老人的礼物……妈妈兴高采烈地和朋友们打着招呼，不断地领女儿到晚会的各个地方，她以为女儿也会很开心。但没想到的是，女儿几乎哭了起来，母亲开始还是很有耐心地哄着，但多次之后，女儿坐到地上，鞋子也甩掉了。

母亲气愤地一把将女儿从地上拖起来，训斥之后，蹲下来给孩子穿鞋子。在她蹲下来的那一刹那，她惊呆了：她的眼前晃动着的全是大人的屁股和大腿，而不是自己刚才所看到的笑脸、美食和鲜花。她明白了女儿为什么会不高兴，她蹲下来的高度正是女儿的身高。

英国教育家斯宾塞曾说过："对孩子训话意味着你要求他绝对服从，让他像你一样思考问题。和孩子朋友式地交谈，意味着大家一起寻找方法解决问题，重新衡量自己的观点，搞清楚究竟谁的更符合实际。"父母总是希望自己的管教能起到立竿见影的作用，可以让孩子下次不再犯同样的错误，可孩子偏偏就是屡教不改，是孩子太顽固了还是父母自身的教育方式出问题了？

生活中，见惯了父母在教育孩子时，总是站着说话、发号施令，他们把自己的思维和主观愿望强加到孩子身上，而很少去考虑孩子的内心想法。一旦自己的愿望与孩子的想法产生碰撞时，父母就会对孩子大失所望，然后强制孩子按自己的意愿行事，根本不会考虑孩子的感受。

其实，每一个孩子是很明事理的，只要父母善于与孩子沟通，孩子就会知道，父母是非常爱他的，也是很尊重他的。而通过沟通，孩子就会明白，哪些行为是对的，哪些行为是不可取的。同时，通过沟通，父母还可以更好地了解孩子的想法和行为动向。

在交流的过程中，父母最好是蹲下身子，近距离接触，两眼平视孩子的眼睛。听完后直接、果断、清楚地向孩子表达自己的意见或思想，如此他才能遵照你的想法去做。当然，语气要坚定，但绝不严格。父母的语气要透露出自己说到做到并且一定要他照办的坚决。这样，不但可以有效沟通，还可以消磨孩子抗拒或抱怨的情绪。

总之，蹲下来和孩子说话，是增强孩子独立意识的有效方式。蹲下来说话，不仅仅是一种行为的表现，还是一种教育观的体现。只有怀着崇高的责任心和热切的期望才能蹲下来；只有把孩子看作是平等的个体才能蹲下来。

只有蹲下来，父母才能平视孩子，才能获得和孩子真正交流的机会，才能真正明白孩子心中所想以及他们行为的真正动机。

陪伴能产生信任

有一位家长在一场育儿讲座中说到自己的经历：

很多年前，当我的孩子还在二三年级读书的时候，我曾非常激动地准备"怎样才是好父母和好老师"的讲演稿。

但我开始发现，我没有获得和我的孩子以前相处时类似的成果。最后，我决定休息一天，单独和我的孩子到海滩去。我们玩球、玩海藻，做一切在海滩上能做的事。一天下来，我已精疲力尽，孩子也累了，但是非常快乐。

在回家的路上，他突然说："我们玩得不是很好吗？告诉你，从现在起，你要求我做任何一件事，我都准备去做。"

瞧，这就是这位家长与孩子一起游戏的结果。与孩子相伴、做孩子的朋友对孩子来说很重要。在父母与孩子共同的活动中，两代人可以形成平等交谈、相互沟通的习惯，障碍自会排除，隔膜自能打破，最容易建立友好亲密的感情。

父母如果不和孩子好好交流，不相互沟通，就很难发现孩子的内在潜力。要想使孩子成材，就应该了解他们、关心他们、爱护他们，做孩子最知心的朋友。这样孩子才会有出息，才能成为对社会真正有用的人。

父母要想成为孩子的朋友，就要把自己和孩子置于平等的位置，敞开心扉，交流互动。要学会倾听，鼓励孩子和你交心，无论对错都要接受、包容。同时要给孩子留有私人空间，不要凡事都问个透，允许他有小秘密。这样他才会找到被尊重、理解的感觉，这样还会拉近父母和孩子心灵的距离。当父母真正把孩子当作朋友去相处，你会发现，教学相长，这是培养孩子的基础，只有你的话他听进去了，才能达到家庭教育的目标。

在孩子面前，父母除了扮演好长辈的角色外，还应努力扮演好朋友的角色。父母与孩子一旦成为无话不谈的好朋友，对促进整个家庭的民主气氛具有十分重要的作用。

心理学家认为：追求他人的信任是一种积极的心态，是每个正常人的普遍心理，也是一个人奋发进取、积极向上、实现自我价值的内驱力。信任的心理机制对孩子良好心理品质的形成具有积极的鼓励作用。

现在的孩子大多是独生子女，他们的缺憾之一，是在家庭中没有同龄伙伴，基本上只是同父母交往。加之父母对孩子外出玩耍的限制，这就在客观上使独生子女父母增加了同龄伙伴的角色。孩子渴望父母像兄弟姐妹、朋友一样与他们相处，渴望得到理解和尊重。无论是从本身的义务上，还是从教育的意义上说，父母对孩子的关心，同孩子进行感情上的沟通都是必需的。可是，我们太多的父母往往忽略了这一点，总是高高在上，我行我素，从不听孩子的意见，不知道孩子心里想的是什么，更不知道孩子需要什么。

实际上，父母走近孩子、成为孩子朋友的方式有很多。而创新工场创办人李开复在这方面有如下建议：

第一，和孩子打成一片，甚至和他一起胡说八道。

第二，对孩子说心里话，不要把话闷在肚子里，做一个好的倾诉者。

第三，让孩子知道他对你多重要，告诉他你多么爱他，慷慨地把你的时间分享给他，但是对物质上不要"有求必应"。

第四，如果你要做孩子的朋友，那只有你学习他的语言，而不是要求他学习你的语言。

第五，对孩子宽严相济。

事实上，几乎所有父母感觉与孩子相处愉快、和谐是因为他们肯花时间与孩子在一起做游戏、画画、运动、听音乐、家务劳动、制作手工、旅游、聊天、探讨问题等，通过与孩子的亲密接触，方可了解孩子在不同年龄段的心理需求，而自己也能被孩子所接纳。

外面问题回家说

不要认为孩子不会在意父母"揭短"，就任意当着别人的面说自己孩子的不足。殊不知，这会严重伤害孩子的自尊心，使孩子内心留下阴影。在玩具专柜、甜品店、游乐场里经常会看见号啕大哭的孩子，还有一旁插腰怒目的父母，他们一边呵斥还一边指着周围对孩子凶道："你看看，这么多人看着你哭，你好意思吗?""你看那边有一个和你一样大的小孩，人家都不哭不闹，多听妈妈的话，你看看你们差距有多大。"

一次，有位年轻妈妈对邻居说："啊! 你家小弟弟真可爱，真乖，不像我们家菊菊吵吵闹闹，只会淘气，让人心烦。"

在一旁的菊菊瞪大了眼睛怯生生地说："妈妈我乖。"不料妈妈却大声说："乖什么乖，就知道淘气烦人，一边去!"

过了几天，人们发现菊菊变了，天真活泼的菊菊看到妈妈回来，躲在椅子后面不敢往前去。妈妈说："菊菊过来，亲亲妈妈!"菊菊小心翼翼地亲亲妈妈后，竟然冒出一句："妈妈我乖，你别心烦。"这让所有在场的人都大吃一惊。

父母们往往觉得当着外人的面是一个教育的好时机，借助小孩子的自尊心让他自我纠正错误举止，出发点倒是很理想，但是收效一定甚微。

父母要意识到无论对孩子的表扬与批评都是一种情感互

动，父母的教育方法太强势，往往导致孩子没出息；父母心情太粗暴，往往导致孩子性情也狂躁。

父母表扬孩子可以当众进行，甚至可以隆重地进行，但是批评就需要谨慎，不妨用私下的、悄悄的、温和一些的方式。教育孩子最重要的是要尊重他的人格尊严，要保护孩子的心灵，做不到这一点，就没有真正的教育意义可言。

英国哲学家洛克说过："父母不宣扬孩子的过错，则孩子对自己的名誉就愈看重。他们觉得自己是有名誉的人，因而更会小心地维护别人对自己的好评。若是当众宣扬他们的过失，使其无地自容，他们愈是觉得自己的名誉已经受到了打击，设法维护别人好评的心理也就愈淡薄。"

可见，当着别人的面批评、训斥孩子的做法不可取。所以，父母应做到以下几点：

第一，以平常心看待孩子的缺点。

第二，私下指出孩子的缺点。

第三，指出孩子缺点时要语气平和。

第四，默认别人对孩子的赞赏。

其实，孩子比成人更爱面子。西方人就很懂得此理，他们很少当众斥责打骂孩子，但他们也很难忍受孩子当众哭闹等带来的尴尬。记住，即使孩子犯了什么错或是做了什么糟糕的事情，父母也不能当众使其难堪，如果非要教育一翻，也应该回家后再说。

不要假装尊重孩子

我们能知道现实中存在着很多这样的"伪"父母，他们表面尊重孩子的发言，实则却给孩子一种居高临下的感觉。做孩子的知心朋友有一个很重要的前提，那就是了解孩子的内心世界、尊重孩子。

因此，给孩子机会，让孩子说出自己的心声，便是父母尊重孩子的一种方法。实际上，这也是一种发言权效应。任何一个人，不管是成人还是孩子，如果他所在的组织给予他发言的机会，他自己便会产生被重视、被关注的心理。

爸爸："你自己选一样东西，我买给你，作为奖励。"

女儿："我要这支玩具枪。"

爸爸："这个玩具不好，太具有暴力性了，换一种吧！"

女儿："那我要这只大玩具熊。"

爸爸："我们家面积小，这熊这么大，过于占空间，不好。换另一种。"

女儿："那爸爸您决定好了，我不选了。"

爸爸："你现在喜欢读书，我看买文具做礼物吧。来，买铅笔跟橡皮擦各一打，怎么样？"

女儿嘟着嘴，很不高兴。

孩子幼小的心灵需要父母积极的牵引，让他得到鼓舞、获得自信。在有些父母眼里，孩子终究是孩子，是永远也长不大的"小不点",孩子没有发言权,只有听话的份儿。

显然,父母的这种意识是错误的,孩子尽管还小,但毕竟是独立的个体了,有着自己的想法与行为方式,如果父母只是一味地卡住孩子的喉咙,消失的不仅仅是孩子的声音,还有亲密的亲子关系。

总之,孩子有自己的发言权,父母要创造机会让孩子尽情表达自己内心的想法。

第一,多和孩子聊天。

第二,多些鼓励、少些责骂。

明智的父母,是当孩子开口发言时,能将他当成一个大人看待,弯下腰去,认真地聆听他全部的讲话。假若孩子的观点对了,那就表扬他,假若孩子的话错了,那就和颜悦色地为他分析错了的原因。

凡事商量后再决定

"知心姐姐"卢勤在一篇文章中曾经谈到与孩子商量的重要性的话题:

商量的魅力在于,使自己学会从别人的角度思考问题。两代人的沟通,最重要的是相互理解、相互尊重。而实现相互理解、相互尊重的方法是——学会商量。

我从儿子的成长中体会到:商量,能使家庭关系变得和谐;商量,能使孩子得到大人的尊重,从而使孩子懂得尊重别人，并学会用商量的办法去对待父母和他人。

从儿子幼儿时期直到高中时代，我一直用"商量"的办法同他相处。"商量"使亲子间增进了感情，避免了冲突和对抗；"商量"使儿子学会了从别人的角度来观察事情，思考问题，学会了民主和平等、尊重和友谊。

回想儿子成长的经历，我深深地感受到，孩子是独立的世界，这个世界蕴藏着极大的潜能。潜能的开发，要靠个人努力，更要靠父母的尊重、赏识和肯定。父母应当相信，孩子的世界会比自己的世界更辉煌，因为他们属于未来。有了这样的认识，才能平等地面对他们，真正地尊重他们，由衷地赞美他们，他们才有可能以自己的健康成长来回报我们。

由此可见，商量对孩子的健康成长有着多么积极的意义。人与人之间的相互协商非常重要。协商能够让人感觉到受尊重。

根据马斯洛的需要层次理论，受尊重的需要是人类较高层次的需要。一旦这种需要无法获得满足，人类就会产生沮丧、失落等负面情绪。而对孩子来说，同样如此，他们也有受尊重的需要，如果父母喜欢与孩子协商，孩子就会非常乐意与父母交流。

反之，孩子则会产生逆反心理，封闭自我。商量的魅力在于，使自己学会从别人的角度思考问题。两代人的沟通，最重要的是相互理解、相互尊重。而实现相互理解、相互尊重的最好方法就是商量。

美国著名的心理学家和人际关系学家戴尔·卡耐基认为，

在孩子面前，遇事用"建议"的口吻，而不下"命令"，不但能维持孩子的自尊，而且能使孩子乐于改正错误并与父母合作。

据某家报社编辑部的一项调查显示，在面对"你是否有和孩子商量问题的倾向"的问题时，接受回答的250名80后父母中，只有8%的父母表示凡事都愿意和孩子商量；23%的父母表示偶尔会和孩子商量；而69%的父母明确拒绝和孩子商量问题，他们认为，孩子还小，不懂事，再者，如果和孩子商量问题，自己作为家长所拥有的权威就会受到威胁。这组数据让人看后有一种沉重的感觉，作为父母，理应有宽广的胸怀，要乐于并善于与孩子商量问题，而这样的父母才是受孩子欢迎的父母。

不管遇到什么事情，父母都一定注意不要用命令而要用商量的口吻与孩子对话。孩子是家庭的重要一员，可是，现实生活中，许多父母在决定一些事情尤其是一些重要的事情时往往把孩子排斥在外。

纯粹的大人之间的事没有必要让孩子知道，可是有很多事情完全应该让孩子参与讨论，尤其是涉及孩子的某项决定时，每个孩子都会出现与父母意见不一致的情况，孩子都希望父母能够尊重自己的意见。

如果父母忽视了孩子的主观能动性，一味地用父母的威严来压制孩子，即使孩子口头上同意，恐怕内心也无法产生努力的动力。更可怕的是，在这样的情况下，孩子感觉是在受罪，又怎么可能与父母和睦共处呢？

所以，父母们，凡事与孩子商量吧，这样一来，你一定会发现孩子有很多让人意想不到的创意。

孩子需要我们的倾听

这是一个十六岁孩子写的作文：

爸爸妈妈离婚的时候，我没有流一滴眼泪。我什么也没想，什么也想不出来，我突然觉得一切都变得茫然起来，从此就没有家了，我的生活就此没有了秩序，没有了未来，我不知道自己以后的生活会变成什么样子。

虽然我是爸爸妈妈的女儿，但我也只是婚姻的局外人。人家都说旁观者清，当局者迷，我想我就是那个清醒的旁观者吧。

我始终觉得，作为单亲家庭的孩子，我比那些正常家庭的孩子矮一截。我时常觉得很孤单，觉得整个世界上只有我一个人，没有人会过问我的感受，没有人会在乎我的眼泪，妈妈已经受了很大的刺激，其实我有好多话想跟妈妈说，可是我不能说，我怕说错话，更怕再次伤害了妈妈。

多想与人分享我的悄悄话呀！可怜的我竟没有找到这样一个人……

在人与人的交往中，倾诉是表达自己，倾听是了解别人，达到心灵共鸣。在人与人的沟通中，除了倾诉，我们还应该学会倾听。当一个人高兴的时候，我们要学会倾听，倾听快乐的理由，分享快乐的心情。当一个人悲伤的时候，我们要学会倾听，倾听痛苦的缘由，失意的原因，理解倾诉者内心的苦处，表示出怜悯同情之心，淡化悲伤，化解痛苦。

当一个人处于工作矛盾、家庭矛盾和邻里矛盾时，倾听矛盾的症结，帮助分析，为其分忧解难……倾听是一种与人为善、心平气和、虚怀若谷的姿态。有了这份姿态，就会多听一些意见，少出几句怨言。

每逢冬天来临，父母都会给孩子穿得暖暖的、捂得严严的，以抵御寒风暴雪的袭击。可是，身为父母，在为孩子的身体保暖的时候，可曾想到孩子的内心世界是否一样温暖如春？

其实，每个父母对孩子的爱都是毋庸置疑的，为了孩子的健康成长，为了孩子将来比自己生活得更好，父母小心翼翼地呵护着孩子，为孩子的学习、生活操碎了心。在父母看来，孩子最大的任务就是学习了。

因为父母从来没有考虑过孩子的内心需求，把孩子的情绪变化看作是"无理取闹"，看作是孩子的"不懂事"而加以训斥，很多孩子只好把自己的伤心、困惑、不安与愤怒深深地埋在心中，不敢对他人倾诉。

长此以往，对孩子良好性格的培养、对孩子人生观的培养、对孩子的健康成长都是有害无益的。其实，孩子也有情绪的波动，他们也需要发泄情绪，需要理解、需要安慰，更需要交流。而倾诉是孩子内心获得平和的一种发泄方式，倾听孩子的倾诉则是父母了解孩子的最好途径。

不会倾听却是很多父母的常见病，因此，学习倾听就成为父母的必修课。

父母如何倾听孩子说话呢？

第一，要表现出倾听的欲望。

第二，要做出认真倾听的样子。

第三，及时反馈意见、观点。

总之，不论孩子的话题多么简单，如果父母想要表现出有兴趣的姿态，那么兴趣也就会自然而然地产生出来。如果父母总是沉着脸，一言不发，一副漫不经心的样子，往往就会令孩子失望万分，长此以往，孩子也会养成对什么事都漠然置之的态度。

营造民主平等的家庭环境

萌萌从会说话的那天起，就喜欢问"为什么"，萌萌不停地问，爸爸妈妈不停地答，不停地学习，与萌萌一起探究世间的奥妙。这种民主的家庭气氛，给萌萌一片思索的天地。萌萌上学后，也喜欢问老师问题。总之，无论在哪里，她都愿意表露其"真我"的一面。

一次，萌萌从学校回来，进门就对正在看报纸的爸爸滔滔不断地讲起自己的成绩。原来她在中考前的模拟考试中发挥得很好，数学单科还取得了全年级第一名的好成绩。爸爸拍了拍萌萌的肩膀说："好样的，不愧为你老爸的女儿。"

萌萌非常激动，接着又说了班里的情况，还说了其他同学的成绩。看着女儿兴奋的样子，爸爸实在不愿意打断她的话匣子，心想让她高兴也好，毕竟入学以来她第一次取得这么好的成绩。于是配合女儿激动的讲述，分享女儿快乐的心情。第二天，爸爸才提醒女儿不要太得意，因为马上就要中考了。

萌萌的爸爸不愧是个开明的家长，他在对待孩子的教育问题上，总是"放开手"，从而创建了一个民主和谐的家庭气氛，对孩子的健康成长大有益处。

我们在追求社会民主的同时，不能忽视家庭民主的重要性，更不能忽视家庭民主在家庭教育中的作用，一个家庭的民主气氛表现在尊重孩子的个性发展，尊重孩子的发言权、参与权，不把孩子当作私有财产，而是把孩子当作一个有独立人格的个体来尊重。

我们曾对 236 名问题少年进行了一次原因调查，结果令人吃惊：在 236 名少年中，家庭破裂或已达到破裂边缘的、父母之间经常争吵的占 43.6%；对子女任意体罚、不讲理的家庭占 28.4%；家庭生活涣散、盲目追求物质享受而忽视精神粮食的占 37.7%。如此数据，足以说明家庭气氛特别是民主的家庭气氛对孩子的心理健康发展和品格的形成具有何等重要的作用。

可以认为，民主和谐的家庭气氛是现代文明家庭的标志。然而，当下的很多孩子在描述自己的家庭时，都流露出了厌恶，"家，那简直就一座牢狱，我甚至不想在那里多待上一会儿"。

诚然，在很多家庭里，孩子的事都是父母说了算，孩子的意见不被父母尊重，从小就失去了自主权，很多孩子有被父母压制的感觉，这使得孩子稍大以后，就开始对父母的管制进行反抗，向父母索要尊重、索要民主。

父母要创建民主和谐的家庭气氛，应从以下几个方面做起：

第一，不要滥施家长权威。

第二，父母要信任自己的孩子。

第三，父母要尊重孩子的人格。

第四，明确告诉孩子拥有的权利和义务。

第五，父母要多和孩子接触。

第六，不要在孩子面前互相攻击。

被占有式的爱包围着，孩子永远找不到自我，在家庭中也永远找不到公平和民主。这个男孩子说出了很多孩子的心声，孩子需要被尊重，需要民主的家庭氛围，需要自己独立的空间。没有谁愿意一站在家长面前就成了接受审判的对象，孩子渴望获得在家庭中的发言权，渴望和家长平等对话。

第四章　松开紧握孩子的手

让孩子自己选择

覃鑫允是某高校理科专业的大二学生，因为自己学习成绩较差，被学校责令退学。他称学校取消他的学籍他没有怨言，他只怨父母当初在他高考时包办了他的志愿，才导致了现在的结果。

原来，覃鑫允在两年前填报高考志愿的时候，由于个人兴趣与学科优势在文科，他想填的是与文科相关的专业。但是，他的父亲认为只有学工科才有前途，执意要求覃鑫允把志愿改为机械与动力工程学。

后来，覃鑫允在高考中考出了近六百分的优异成绩，顺利被大学录取。由于他所学的专业对物理的要求比较高，没有相应的物理学科基础知识，覃鑫允一入校，在专业学习上就感觉非常吃力。再加上覃鑫允对现在所学专业没有兴趣，他逐渐陷入恶性循环中：越学不好就越没有兴趣，越没有兴趣就越学不好。大一下学期，一学年积累下来的学习上的问题在期末考试中全部暴露出来，他共有四门功课考试没有通过需要重修。校方根据规定，原本要开除其学籍，但是考虑到该同学有改过的觉悟，就给了他一次试读的机会，要求他四门重修课中至少要有三门能够通过补考。可是在补考中奇迹没有出现，覃鑫允仅通过了两门补考，学校只能劝其退学。

覃鑫允后来还称："在填报志愿的问题上，我和我的同龄人都没有什么自主权，一般是由父母决定。他们做决定最重要的依据是班主任的意见，我们的兴趣和意愿仅仅是参考。当然，班主任的意见一般是以我们的基本情况为基础的，但是如果我们的要求和父母的决定有出入甚至背道而驰时，最后总是我们屈服于父母的压力，选择父母认为合适的专业。"

现实生活中，像这样的事情时有发生。反映出在不少家庭，父母的"霸道"作风十分盛行，他们往往剥夺了孩子的选择权，使孩子沦为毫无思想的"傀儡"。

当不会走路的孩子还在母亲怀里吃奶的时候，一切似乎都那么简单，父母几乎可以替他们做出所有的选择和决定。"生命的价值在于选择。"然而，现在的父母常常忘记这一点，他们不让孩子去做选择，他们总是忍不住要替孩子做选择。"如果父母什么都替孩子做主，那么就无异于是在杀死孩子的生命。"一位教育学家如此说道。

经常有孩子抱怨，在面临抉择时，父母总是不放心自己，什么事都替自己做出决定，一点自由都没有。

有研究表明，总是由父母做决定的孩子，长大后常常缺乏判断和选择的能力，而且缺乏责任感，甚至不知道如何对自己负责。因此建议父母给孩子一点做决定的机会，让孩子学会如何做决定。

高尔基说过："爱孩子，是母鸡都会做的事。"但父母的观念不同，爱的方式也就不同，建议父母们不妨尝试：大人"放手"小孩"动手"的教育方式，孩子能够做的事决不包办，要对孩子说："自己的事自己做，自己的事自己决定。"

培养孩子自我意识

心理学家认为，孩子在成长的过程中，建立和明白自己的界限非常重要，只有明白了自己的界限，才能在自己的界限内负责，这是孩子成长的关键。故事中，董华菲有了强烈的"自我意识"，开始认识到自己在家庭中所处的位置，这是很值得家长高兴的事。

董华菲上小学一年级时，妈妈就开始让他每天走五分钟的路程到小区值班室去拿牛奶。一开始那几天，他很高兴，准时跑去拿牛奶。但有个星期天，董华菲赖在床上不肯起来去拿牛奶，说自己好困好困。

妈妈说："如果送奶工人也说困，不起来送奶了，那大家有奶喝吗？我困了，不起来做早餐，你不就要饿肚子了吗？该自己做的事，不可能因为有了困难，就可以不做的。如果你不去取牛奶，那我们全家人可就要缺少一顿美味了。"

董华菲一听，马上意识到自己在家庭中的重要位置，他低着头，不好意思地说："妈，我知道了，我以后再也不会赖床了。因为我发现，你们不能缺了我！"

自我意识是指一个人对自己的认识，包括对自己和周围人的关系的认识。自我意识在人的心理活动和行为中起着调节作用，是行为的强烈动机，它对孩子的心理发展意义重大。孩子怎样认识自己、怎样安排和处理自己同周围世界以及同别人的关系、怎样评价自己的能力、具有什么样的自我价值观、树立什么样的自我形象，等等，直接影响他们能否积极地适应社会、能否保持心理健康、能否在学习和生活中顺利前进和发展。

父母应该努力做到以下几点：

第一，培养孩子的自我认识。

第二，培养孩子的自我评价能力。

第三，家长要努力安排一些孩子经过努力能够取得成功的活动。

第四，教育孩子接受与悦纳自我。

第五，引导孩子有效地控制自我。

父母培养与利用孩子的自我意识，可以有效地促进其学习与心理健康水平。一个具有良好自我意识的孩子，会在各方面表现出优秀的才能，经常取得成功。反之，如果孩子在自我意识的发展中出现了不良倾向，又没有及时调整，会使孩子的个性和行为发生偏异，以后矫正就困难了。所以，父母应当注意培养孩子良好的自我意识。

走弯路不见得是坏事

也许，爱孩子的家长并不知道，正是自己这种过分"干涉"的爱，销毁了孩子对生活的所有信心，使得孩子像马戏团的小象一样，在成长的过程中受到了限制。只不过，这个限制不是麻绳的捆绑，而是家长和家庭的约束而已。但这种限制的后果是难以想象的严重，因为被束缚的不只是孩子的身体，更是孩子的心灵。

有一位孩子在家长会上很无奈地说道："父母总是担心我们这样或那样，老感觉自己是过来人，经验比较丰富，为了让我们少走弯路，他们总喜欢按照自己的想法要求我们，让我们照他们的意见去做，这也限制，那也约束。

有一个从小就被爱包围着的孩子。打从他出生以后，家里人就一直围着他转，他要星星的话，家长不但会给他"摘"下星星来，同时还会"捎"上月亮。当他想喝水的时候，爷爷奶奶和妈妈就忙不迭地跑过来为他"服务"。爷爷奶奶还说："宝贝呀！以后拿水跟我们说就可以了，别自己拿，烫坏了手，爷爷奶奶爸爸妈妈都会心疼的！"直到他上了高中，还是着衣来伸手、饭来张口的日子。

他想出去玩，家里的大人都不肯，说怕他有危险。

他在学校念书，爸爸动用关系，让学校的老师多照顾他。

他要出去跟朋友玩，爸爸妈妈出来干涉，说人家不是好孩子，叫他不要跟那些朋友玩。

……

总之，家长们对他关怀备至，照顾得体贴入微！可是，这个孩子并不领情，在他看来，他的人生都是家长安排的，一点意义都没有。为此，他特别羡慕自己的那些同学，希望自己也能像他们一样自由。

现在，他已经是高三年级的学生了，下个学期就要参加高考了。但他心灰意冷，学习没有动力，心情压抑，他总觉得同学们都用瞧不起他的目光看他。

事实证明，一个长期生活在家长的"强迫"与"约束"中的孩子，主动进取精神差，对学习毫无兴趣，他们总觉得自己是为父母学习的，所以对学习的态度非常被动。这样的孩子，是很难取得优秀的成绩，更不可能有很大的发展。

其实，能力是需要靠实践培养的，是需要机会锻炼的。如果平时孩子所有的事情都被家长包办、代替，甚至是干涉了，那么，孩子哪里还有自己做事情的信心与勇气呢？

此外，过分干涉孩子，还可能让孩子产生叛逆心理，与家长起冲突，甚至自暴自弃以刺激父母，给家庭和社会埋下隐患甚至带来伤害。在青春期，有很多孩子都会出现这样的情况，是他们"自我意识"逐渐增强的表现。他们的反抗更多的是以潜在的形式出现，如对家长在生活和教育上的安排，采取不关心、不表态、无所谓的态度等。

为了让孩子能够更好地发展，家长不妨放开自己的"束缚"，对孩子的生活不要过多干涉，给孩子一片自由、独立的天空，让他们展开双翼飞翔，引导他们自己去认识社会、了解生活、体验坎坷、波折，只有这样，他们才能在体察与感悟之后跨越生活中的一道道障碍，成为优秀的人。

找到适合自己孩子的方式

2001年9月，董志成初中毕业，被哈尔滨市一所著名的私立高中录取。学校考虑到董志成贫困的家境，免除了他的学杂费。

到了高中二年级，大多数同学都认为到了关键阶段，开始为冲刺高考做准备时，董志成似乎没有这种紧迫感，每天放学后，照样在外玩耍。对于儿子的玩性，父亲董云亭仍然坚持不加压抑，而是在陪儿子一起玩的过程中，注意观察儿子，然后寻找时机加以引导。这一招还真灵，这个小淘气居然就玩出了两项专利。

2003年3月10日，国家知识产权局正式批准了董志成的"水满自控水龙头"和"自动关闭节水装置"两项发明专利。

2003年6月，正在读高二的董志成，为了检阅自己的实力，在校方的帮助下走进了高考考场，参加全国统一考试，考出了416分的成绩。董志成说，这次，他只是为了"练兵"，距离真正上"战场"还有一段时间，届时，他的目标将是国家级重点大学。

淘气小子终于"淘"出了名堂。现在，每当有家长领着孩子向董云亭请教育儿秘诀时，作为父亲的董云亭深有感触地说："其实，淘气和贪玩都是孩子的个性，扼杀了孩子的个性就等于扼杀了孩子的智慧。在游戏中引导孩子，在娱乐中开启他们的思维，孩子就不仅能生活得十分开心，还会变得活泼而聪明。"

董云亭的话，正是告诫家长，不要急着为孩子"塑形"，更不要随意扼杀孩子的个性。

在这个世界上，根本就没有两片完全相同的树叶，生活中的每个人都是独一无二的。你是蔷薇，就不要强求自己成为玫瑰；你是麻雀，就不要强求自己成为鸿雁。保持自我，不盲目仿效，是人生成功的前提条件。别人的人生与自己的人生，自然是不同的，自己的人生掌握在自己的手中，是"成功的传奇"还是"人生的悲剧"全在于你自己，而任何委曲求全或者是装模作样，都会使我们不能真正触及事情的本质，或者只能流于俗套而失败。

有一位教育工作者曾说过："上帝给了每个人独特的指纹，同时也给了每个人独特的潜质。每个人只要能有效运用上帝赋予我们的这种独特潜质的1%，他就会成为优势的生存者。"

可以说，99%的天才都是父母成功早教的结晶。这些父母被我们称为优势父母，只有那些具备优势早教观念、能抓住孩子发展关键期开展科学系统全素质教育的父母，才是真正的优势父母，他们必将培养出未来的杰出人才。当代优势父母要想把孩子培养成未来社会的优势生存者，需要树立的第一观念就是：让孩子能人所不能。

孩子追求个性不是严重的事，更不代表不合群，甚至从一定意义上说，追求个性若把握得好，对他们成人后的工作很有好处。所以，父母不要一味打压孩子，要让孩子的个性得到自由发挥。

鼓励孩子勇敢逐梦

人因梦想而伟大，所有的成功者都是杰出的梦想家。

关于梦想的定义，有三种解释，一是梦想是梦中怀想；二是空想、妄想；三是理想。尽管梦想虚无缥缈，但人们更倾向于"梦想变为现实就是成功"的说法，也心甘情愿为梦想奋斗终生。人与人之间也因梦想不同、奋斗不同而拉开了距离。

美国赛车手吉米·哈里波斯的成长经历告诉我们，人可以因梦想而伟大，想要成功首先得是个梦想家。

吉米·哈里波斯很小的时候就有一个梦想，他渴望自己将来能成为一名出色的赛车手。这个梦想一直在他的心里燃烧。几年后，吉米·哈里波斯到了该服兵役的年龄，他到了部队。由于对车比较感兴趣，他被派去开卡车，这对他今后熟练的驾驶技术起到了很大的作用。

退役之后，他工作之余一直坚持参加一支业余赛车队的技能训练，只要有机会比赛他都会想办法参加，但一直没有拿到过名次。后来他参加了威斯康星州的赛车比赛，也就是因为那场比赛差点要了他的命。原来当赛程进行到一半多的时候，他前面那两辆车发生了相撞事故，他为了避开他们撞到了车道旁的墙壁上，瞬间赛车就燃烧了起来。当吉米·哈里波斯被救出来时手已经被烧伤，鼻子也不见了，体表烧伤面积达40%，后经医生的全力抢救才保住他的命。但是以后他再也不能开车了。

然而，他并没有因此放弃梦想。他决定接受植皮手术，恢复手指的灵活性。手术后，他每天都在不停地练习手指，他相信坚持定能产生奇迹。在经过近9个月的痛苦训练后，他终于能重返赛场了。于是他先参加了一场公益性的赛车比赛，但这次他没有取得名次。接着在后来的一个200英里的比赛中他取得了第二名的成绩。

两个月后，还是在那次出事故的赛场，经过一番激烈的角逐，吉米·哈里波斯最终赢得了250英里比赛的冠军，成了美国最具传奇色彩的伟大赛车手。他坚持梦想的决心也成为鼓舞人们的精神动力。

如果吉米·哈里波斯没有梦想，没有为梦想奋斗的决心，他也就不会有今天的成就，也许还是千千万万个平凡人中的一员，默默无闻。但是他有梦想，不管经历多少挫折他依然不放弃希望，最终成就了他成为最优秀赛车手的梦。吉米·哈里波斯的经历告诉我们：拥有了梦想，就拥有了成功的希望，人生也因梦想的存在而与众不同。

梦想可以使我们的人生变得伟大，帮助我们成长、成功。没有梦想的人生是可怕的，正如站在人生的十字路口上，没有方向，不知该何去何从，这是我们成长中经常会遇到的迷茫和困惑。

如何改变这种处境，是我们必须要面对和认真思考的问题。如果发现我们的梦想还在沉睡，未曾对我们的人生有任何指引，这样的梦想只能是做梦和空想，没有任何意义。这时我们需要唤醒心灵深处的渴望，将梦想还原现实，变为理想，带领我们寻找未来的路。慢慢地就会发现，因为梦想我们变得伟大。

对一个孩子来说，梦想的种子一旦生根发芽，则对任何一件事都不会满足于现状，有追求完美、追求最高境界的欲望。取得一定成绩之后，总有更上一层楼的决心和气魄。这样的人不成功于此，必成功于彼。而且成功的规模也往往比较大。

人生因为有了梦，所以才有梦想；因为有了梦想，所以才有理想；因为有了理想，所以才有为理想而奋斗的历程；因为有了奋斗，所以才有了人生幸福。

据说，能登上颠峰的只有两种动物——雄鹰和蜗牛。雄鹰凭借其优越的先天条件，翱翔天宇，登上颠峰。而蜗牛呢？这样笨拙微小的动物怎能爬上颠峰？——能，因为梦想让它迸发出无穷的力量。

鼓励孩子勇敢地做梦吧！有梦想，谁都了不起！

让孩子承担责任

有的家长认为：孩子毕竟是孩子，还小，树大自直，长大了自然就行了。岂不知，孩子的责任感是应该从小培养的。平时对孩子娇生惯养，百依百顺，不舍得放手，事无巨细，都替孩子想到做到，很难想象他们长大后就能体谅父母、关心他人、有强烈的责任感。

责任感是一个人日后能够立足于社会、获得事业成功与家庭幸福的至关重要的人格品质。托尔斯泰认为："一个人若是没有热情，他将一事无成，而热情的基点正是责任心。"

一个11岁的美国男孩在踢足球时，不小心将邻居家的玻璃打碎，邻居愤怒不已，向他索赔12.5美元。这12.5美元在当时可谓是天文数字，足够买下125只生蛋的母鸡了。男孩儿把闯祸的事告诉了父亲，并且忏悔。见儿子为难的样子，父亲拿出了12.5美元，说："这笔钱是我借给你的，一年后要分毫不差地还给我。"男孩赔了钱之后，便开始艰苦地打工。终于，经过半年的努力，他把这"天文数字"分毫不差地还给了父亲。这个男孩就是后来的美国总统罗纳德·里根。他回忆说："通过自己的劳动来承担过失，使我懂得了到底什么是责任。"

现实生活中，面对各种困难，许多孩子要么摆出一副运筹帷幄、决胜千里的架势；要么高谈阔论，似乎所有问题在他们面前都可以轻易解决。然而，在具体执行中，他们就开始瞻前顾后、焦虑不安，不敢承担责任，甚至退避三舍。

世界上最愚蠢的事情就是推卸眼前的责任，认为等到以后准备好了、条件成熟了再去承担才好。在需要你承担重大责任的时候，马上就去承担它，这才是最好的准备。如果不习惯这样去做，即使等到条件成熟了以后，你也很难承担起重大的责任，很难做好重要的事情。

那么，家长如何培养孩子的责任感呢？

第一，以肯定的方式来树立孩子的责任感。

第二，父母在家中要为孩子树立好的榜样。

第三，要求孩子做事有始有终。

第四，让孩子自己记下要做的事情，学会对自己的事情负责。

第五，从勤俭节约的教育中培养孩子艰苦奋斗的责任感。

第六，让孩子对自己某些行为造成的不良后果设法补救。

第七，让孩子在挫折中学会承担。

责任感的培养是一个人健康成长的必由之路，也是一个成功者的必备条件。不少研究表明，儿童阶段是责任心形成和发展的关键时期，无论学校、家庭、社会都应重视对孩子进行责任意识的培养。

放手让孩子解决

孩子自己解决冲突和纠纷，正是自我锻炼的绝佳机会。孩子正是通过辩解、说理和争吵，了解自己和他人，学会进攻与忍让、斗争与妥协的艺术，学会如何去面对胜利与失败。在解决与伙伴之间的冲突的过程中，能更好地独立自主思考，使自己的交际能力不断提升。

一个风和日丽的早晨，妈妈在楼上做家务，她10岁的儿子张倍源正在小区里和小伙伴们玩耍。

张倍源的妈妈收拾了一会儿屋子，就推开窗户想看看孩子在外玩耍的情况。不料，她正好看见儿子在和一个个头高一点的孩子在吵架，而且越吵越凶，声音很高。

张倍源的妈妈急忙跑下楼探个究竟。到跟前一看，才弄清楚孩子们争吵的"导火索"是"四驱车"比赛。张倍源认为是自己的车子先到达终点的，可是，那个高点的男孩却说是他的"四驱车"先到达终点的，并嘲笑张倍源的"四驱车"是"破玩意儿"。更可气的是，其他的小孩子偏偏也说是那个高个子男孩赢的。

张倍源正在势单力孤之际，看见妈妈来了，涨得通红的小脸一下子变得惨白，委屈的泪水忍不住掉了下来，继而"哇哇"地哭了起来。

看到这种情形，张倍源的妈妈有些生气了，真想训斥那个不讲理的孩子一顿，替儿子出出气。但她忍了忍，转念一想，自己一个大人掺和孩子们的吵架有点不好。

于是她强压怒火，拉着儿子说："源源，走，咱们回家去，不和他玩了！"

但张倍源人小骨头硬，站着没动，偏偏不回家，非要人家"服输"不可。

妈妈劝张倍源："输了就输了，改天妈妈给你买个好点的再跟他比赛。"可张倍源仍然不干。无奈之下，张倍源的妈妈只好说："那好吧！那你自己想办法解决吧，我回去了！但是不许哭，男子汉哭算什么出息！"说完，张倍源的妈妈头也不回地上楼了。

当她回到楼上重新推开窗户时，发现张倍源与那个男孩又重新玩起了"四驱车"比赛！

张倍源的妈妈看着看着，不禁笑了："哎，我怎么能跟孩子一个样呢？"

事实上，像张倍源这样的情况，在孩子的生活中经常出现。父母应该明白，孩子考虑问题的方式是不同于成年人的，一些在大人看起来很严重的事情，如因为争吵而打架，在孩子看来，也许并没有什么大不了。但如果用大人的方式去解决问题，就可能会使问题复杂化、严重化！因此，父母发现孩子争吵时，不要大惊小怪，更不要把大人之间的矛盾带到孩子中间去。

可以说，人与人之间的关系是世上最复杂的关系，人要在一起相处，就难免会发生各种矛盾与冲突，孩子在一起玩耍的时候也一样，总会有发生冲突、矛盾的时候，而这也是大人们深感头疼的一个问题。

其实，孩子在一起玩耍，有冲突、争吵是普遍而自然的现象。现在的孩子绝大部分是独生子女，他们个性倔强，是每个家庭中的"特殊人物"，所以容易形成不合群、自顾自、独占一切的坏习惯。他们在一起玩耍，争吵是难免的，从孩子心理上讲，他们往往以自己为中心，不了解别人的心理和要求，不容易接纳同伴的意见，常常是通过争吵的形式来争辩说理，来了解对方的想法。

另外，孩子通过争吵来激发自己表达内心世界的语言，从争吵中学习说话，学会忍让、宽容、接纳别人。孩子一般不会像大人一样因利益冲突而记恨对方，他们争吵以后会马上和好，往往大人气还没消，孩子又到一起玩了。

因此，父母应该放手让孩子自己去解决纠纷。对于孩子来说，解决冲突的过程，正是他们健康成长、走向成熟的过程。因此，当孩子跟他的同伴争吵或者向父母诉说自己遇到的诸如人际交往之间的矛盾时，父母应鼓励孩子去面对它，指导孩子自己去解决，而不是回避它，更不宜动辄由父母代替孩子解决问题。有些时候，父母的参与反而会使矛盾激化！

第五章　让孩子自如社交

交往能力影响孩子一生

每个孩子成长的过程，都是一个由"自然人"变成"社会人"的过程。这个过程有两个显著的特点。第一个是群体性，孩子的成长离不开伙伴，再好的父母都没有办法替代伙伴的作用；第二个是实践性，孩子需要在体验中成长、独立，与小伙伴交往是孩子最初的社会人情实践。因此，从小培养孩子的交往能力、交往习惯很重要。

然而，在现实生活中，很多家长只重视孩子的学习成绩，忽略了孩子交往能力的培养，这种做法不但影响了孩子与人交往的能力，还引发了一系列的社会问题。

老张夫妇俩都没念过多少书，辛辛苦苦大半辈子也没"混"出个名堂。老张干的是钳工，爱人原先是纺织厂的女工，后来下岗再就业，成了公交车的售票员，两口子吃够了没知识的苦，决心不能让儿子小张"再走自己的老路"。于是，他们拼命供小张读书。而小张也不负众望，从小学到高中一路走来，成绩都相当优秀，最后，他以优秀的成绩考入了某名牌大学。

儿子上了名牌大学，父母的心愿终于变成了现实。老张夫妇还没为此高兴几天，就接到了小张的坏消息：和同学吵架了。原来，从小就生活在父母羽翼下的小张，无论什么事情都由父母包办。父母处处让着他、护着他，他只需要一心一意读书就行了。

以前，他每天除了吃饭、睡觉，其他的时间几乎都花在学习上，和别人没有什么交往。在大学里，环境变了，什么事情都需要自己去面对，小张一下子感到非常不适应，不懂得如何和他人相处。大学住的是集体宿舍，同学之间难免会有一些磕磕碰碰。小张因为习惯了以自我为中心的派头，在学校里有些吃不开了。

结果，不到一个学期，小张就把宿舍里的其他7位同学都给得罪了。同学们都有意疏远他，以规避彼此产生矛盾。由于没有朋友，小张形单影只，有事只会给家里打电话，向妈妈诉苦……

其实，对于那些能够恰当地与别人交往的孩子来说，同学之间的事情都是一些很容易处理的小事。相互协商一下，彼此退让一下，也就解决了。可是对小张来说，因为父母从来没有引导他去掌握这些人与人之间交往的常识，培养他这些最基本的社会行为能力，导致他不懂人情世故，让自己陷入了孤独的僵境里。从小张身上，我们目睹了一个高分低能的"才子"演变成"愁子"的全过程。

正因为与人交往的能力如此重要，难怪石油大王洛克菲勒说："与得到其他本领相比，我愿意付出更大的代价来获取与人相处的本领。"而美国前总统罗斯福则说得直截了当："在成功的公式中，最重要的一项因素是与人相处。"

此外，善于与别人交流、交往的孩子，可以得到更多的快乐。心理学家发现，善于交往的孩子容易形成快乐健康的性格。如果孩子总是被抛弃、被拒绝于集体之外，就会产生孤独感，感情会受到压抑。久而久之，他们会不愿意开放自己的心灵，感到寂寞、空虚和无聊，始终处于孤独、封闭、退缩的状态，如同置身于一个"孤岛"之上。这种状态对孩子的身心发展会产生十分不利的影响。

现代社会，人际交往能力已经成为个人事业成功、生活幸福的重要因素。实践证明，凡有大成就的人都具有良好的人际交往能力。这种能力，其实就是理解他人的能力，比如，如何去感受别人的情绪、了解他人，然后在此基础上进行沟通与合作，等等，达到自我提高、自我发展。

对于孩子来说，交往和其他任何习惯一样，应该从小培养。作为孩子的第一个交流对象、启蒙老师——家长，应懂得积极、主动地与孩子进行交流，及时满足孩子的各种需要，协助、引导孩子学会如何与人交往。

懂礼貌的孩子招人爱

"培养孩子讲礼貌还真不容易。"小森的妈妈经常感慨地对同事说。从小她就特别注意孩子的礼貌问题，如带孩子出门时，遇到熟人都会教孩子主动与人打招呼，见到老人要叫"爷爷""奶奶"，见到年轻人叫"叔叔""阿姨"或"哥哥""姐姐"；当家里有客人来时，让孩子保持安静；在外面玩耍时，遇到老人要礼让；等等。现在孩子4岁了，基本上会主动与人打招呼，但也会经常忘记。而且有时会看心情，小家伙心情好的时候，看见谁都打招呼，心情不好时，看见了也装作没有看见。而当有客人来家里玩时，妈妈总会提前跟小森说，让他安静些别吵，小森都会很听话的答应，但客人来后他却会故意在玩玩具时发出很大的响声，或是过来拉妈妈或者是客人的手要求大家陪他玩。

"对于孩子这些基本的礼貌教育问题，我真的是很重视的，可孩子却好像没有长记性一样，总是忘记。"小森妈妈为此很是苦恼。

小森妈妈为什么会有"培养孩子礼貌不容易"的感慨呢？当然，很多人会认为这与社会的不良影响有关。的确，在我们的周围，经常会看到很多人的种种不文明的陋习，他们讲脏话、骂人、不遵守公共秩序等。但同时，家长也不能忽视家庭在养成孩子文明礼貌方面起到的决定性作用，而相当一部分家长认为教育孩子仅仅是学校的事，在这种错误指导思想的支配下，他们除了只关心孩子的考试分数之外，其他的一概放任自流。

"礼貌是一种人际交流途径，能懂得社会规则的人是最聪明的，是最有能力的人，也是最让人敬重的人，懂得礼貌和尊重别人是迈向成功人生重要的一步。如果你能及时纠正孩子待人接物中不好的习惯。那么，你所做的一切将使孩子终身受益。"儿童心理专家、家庭教育专家鲁杰是这样认为的。

是呀，中国是文明之国、礼仪之邦。教育孩子从小讲文明懂礼貌，这是做家长的职责。

家长除了要懂得让孩子如何礼貌待人的方式外，还要懂得通过何种方法让孩子贯彻实施。

1. 家长要以身作则

孩子有没有礼貌不是天生的，是后天培养出来的，而且孩子天生就喜欢模仿别人，所以家长在家里的时候要注意自己的言行举止，注意讲礼貌，给孩子树立一个好的榜样。比如，有客人来做客的时候给予热情地招待；接受了别人的帮助以后，对别人说谢谢；在收到礼物的时候可以邀请孩子和你一起写感谢卡；等等。有了家长的示范，再遇到类似的情形时，孩子自然而然就会学你的做法。

2. 为孩子设置场景

有些家长为了不让孩子打扰来访的客人，一般都会把孩子打发到一边，让他们自己去玩。这样做也许能够获得一时的安静，但是却可能会影响到孩子的社交能力。孩子会想：家长为什么不让我跟客人在一起？是不是我做错了什么？久而久之，家里一来客人，他就会自动躲到旁边去。所以，当有客人来访时，家长应该向孩子介绍一下来的是什么客人，再向客人介绍一下你家的孩子，并让孩子帮客人拿拖鞋、拿杯子，总之，千万不要把孩子排斥在外。

3. 适当给孩子暗示

在教育孩子使用文明礼貌语言时，开始孩子往往是不自觉的。有时在长者面前，常因怕羞而不肯去做。碰到这种情况，有的家长往往逼着孩子对长者有礼貌，或当着客人的面责骂孩子。其实，这样做是有害无益的。因为孩子也是有自尊心的，家长采取强制或责骂后，即使孩子不得已去做了，心里也是不高兴的，以后就更不喜欢礼遇长辈了。所以有经验的家长，遇到这种情况，一般是采取暗示法，在孩子耳朵旁边，轻轻地叫他致礼，使其很高兴地礼遇长者，并因此而得到称赞。

4. 给孩子讲清楚礼貌的意义

家长在教给孩子文明礼貌时，不但要告诉他语言应当怎样，姿势应当怎样，还要向他讲些深入浅出的道理，即为什么要这样做，这样做有什么好处，等等。

5. 对孩子的礼貌行为及时做出评价

如可以用点头、微笑、语言等来表示赞扬和肯定。对孩子不礼貌的言行更要及时批评，并指出不礼貌的后果，使孩子对不礼貌的言行产生厌弃的情绪。

6. 成人要形成教育的合力，贯彻始终

培养孩子懂礼貌，关键在于家庭成员始终如一的态度，而且必须做到统一要求，统一步调，千万不能各敲各的锣、各打各的鼓，有的管、有的护，有时严、有时松，造成教育作用的相互抵消。成人对孩子的礼貌教育必须做到有始有终，切不可虎头蛇尾。要持之以恒，严格要求，只有这样才能取得良好的效果。

培养孩子与人合作的能力

合作是人类社会赖以生存和发展的重要组成部分，在当前的形势下，只有懂得与人合作的人，才能获得生存的空间，也只有善于合作的人才能赢得发展。21世纪的孩子面临的是一个充满挑战的社会，与此同时，我们的教育也面临着重大的挑战。联合国科教文组织国际21世纪教育委员会提出的现代教育的四大支柱理论是：学会认知、学会做事、学会共同生活、学会生存四种能力。其中，学会共同生活即指在教育中要培养孩子与人合作、共享成果的能力。

然而，当下的很多孩子最明显的缺陷就是不懂得与人合作，他们做事总是喜欢独来独往，以自我为中心，唯我独尊。再加上当前在有些家庭里，孩子是独生子女，被一家两代甚至是三代人宠着，别说大人们疼着他们，孩子自己也娇惯着自己。如此一来，家长就会为孩子的缺陷找借口，"就让他自然成长吧，不用管，以后会慢慢改变过来的"。殊不知，孩子的合作意识、能力是需要培养的。

让我们先来看一个寓言故事：

春天来了，森林里到处鸟语花香，一片生机勃勃的景象。

清早，小熊出去散步时，在一棵大树下发现一大片草莓地，"太好了！"小熊兴奋得直翻跟头，赶紧找来了它的好朋友麻雀和小猴，"如果我们好好照顾它们，过不了多久，我们就有新鲜的草莓吃了。"小熊对它的好朋友说。小麻雀和小猴都高兴地直点头，它们都在想象草莓成熟时那果实累累的景象。

小熊安排道："我力气大，我去打水；小麻雀你给草莓捉虫；小猴子你总是跳来跳去停不下来，就给草莓拔草吧。"小麻雀和小猴子都同意了小熊的提议。它们唱着歌，分头去干自己的活了。

不久，草莓就像星星一样冒出来了，小小的、绿绿的，随着风轻轻地摆动。可是小熊却不干了："我每天去打水，太累了，哪里像小猴，多么轻松，不用天天跑来跑去。"

麻雀也开始抱怨："我每天都要待在这里细心地找啊找，哪里都不能去。可是小熊还可以每天出去看风景。"

小猴听见了，也不甘示弱："我每天弯腰拔草，腰疼得都不能在树上荡秋千了，还是麻雀清闲，可以随时尝尝草莓熟了没有。"三个好朋友都觉得别人干的活比较轻松，于是就约定，从此以后麻雀负责打水，小猴负责捉虫，而小熊也如愿以偿地去拔草。

第二天，麻雀高兴地去打水，可是才到半路，它就累得连翅膀都扇不动了。于是，它偷偷地把水倒掉一半。小熊悠闲地去拔草，可是它的手太大了，经常不小心把草莓也一起拔掉了。小猴子在草莓丛中跳来跳去找虫子，一会儿眼睛就酸了。这时，小猴子听到小鸟在树上唱着歌，他就荡到树上和小鸟玩捉迷藏了。

草莓成熟的日子到了，三个好朋友来采草莓，可是草莓呢？草莓地里只有一片枯草，星星一样的草莓都不见了，三个好伙伴后悔不已。

如果三个伙伴都不去抱怨自己的工作，而是把适合自己的工作做好，他们就可以吃到甜美的草莓了。怎样可以让一滴水不干涸呢？只有把它放到大海里。一个人的力量是有限的，不可能做完所有的事情，也不可能做好所有的事情，所以我们需要和别人进行合作。

巴尔扎克有一句名言："单独一个人可能灭亡，两个人在一起可能得救。"它就暗示着合作的重要性。没有人能够独自成功；唱独角戏，当独行侠的不能成大事的。俗话说得好："双拳难敌四手。""三个臭皮匠，顶个诸葛亮。"只有运用合力，善于合作，才有强大的力量。

培养孩子合作的能力，可以有针对性地训练。

1. 分享训练

分享就是共同享受，自己高兴、快乐，也让同伴高兴、快乐。家长要创造物质条件，并加以精神鼓励，让孩子表现一定程度的慷慨大方，体会分享的快乐。在此过程中，家长不能过于溺爱孩子，要让孩子知道分享的真谛。

2. 家长要树立榜样

孩子学习榜样，大体经历了从无意识的模仿到有意识的模仿，从游戏的模仿到生活实践的模仿，从把模仿当作目的到把模仿当作达到目的的手段，等等。孩子培养良好的品质，不能只靠说教，更重要的是以身立教。通过言行，把抽象高深的思想，良好的道德标准具体化、人格化，使幼儿在不知不觉中模仿，形成好思想、好品德、好的行为习惯。行为的模仿和练习，是形成和巩固幼儿良好行为习惯的一种基本方法，也是教育实践性原则的具体体现。

3. 创建和谐、互助合作的环境

家庭的环境创设，可以通过潜移默化的熏陶来教育孩子，是以隐性教育为主的教育法。它可以利用氛围塑造孩子的性格，具有极强的渗透性。家里人之间的互相关心、合作、帮助，其乐融融的景象对孩子的教育意义重大。

与此同时，家长要注意，以下这些话千万不能对孩子说：

"这件事情如果是你一个人做的，功劳就是你的，与他人合作，你的功劳就不会那么大，所以不用那么认真。"

——如果家长从小就给孩子培养"功劳"意识，如何能让孩子更好地与人为善，更好地与人相处呢？当然，更难说是合作了！中国的足球为什么那么差？中国人的合作意识为什么那么不足，实际上与个人英雄主义有太大关系了。一个人是龙、一群人是虫说的就是中国人的劣根性。

"合作就是要等着大家来了一起做，你一个人做那么多干什么呢?"

——这是许多家长对孩子的教导,理由是心疼自己的孩子,怕他们多做了事。这种心疼对孩子的成长无益,多做了孩子不是多得到锻炼吗?孩子如果有能力可以多做一点,这样不但不会吃亏,反而能让孩子更好地学会合作。

总之,孩子合作能力是一种品德培养,对孩子一生的发展至关重要。我们要激发孩子的合作兴趣,为孩子创造合作的机会,指导孩子掌握合作的技巧,为孩子良好个性发展奠定扎实的基础。

引导孩子克服社交恐惧

我们都曾有过这样的经历:在众目睽睽之下讲话的时候往往感到有些紧张;在社交场合与陌生人打交道或在不得已的情况下把自己介绍给大家认识时,同样也会有些迟疑与害怕。对于大多数人来说,这些紧张与害怕只是短暂的,并随着年龄的增大、智力的发展、知识的积累,惧怕感会不断地消失。但在一些性格相对内向、怯懦的孩子当中,害怕见生人的状况暴露得十分明显,他们有时甚至在与熟人讲话时都会感到紧张与脸红,更有严重者,在与人交往过程中,还会出现口吃、出汗、惶恐不安、心跳加速、轻微颤抖的现象。我们称这种现象为社交焦虑障碍或社交恐惧症。这种心理问题在内向的青少年中较为常见,成为困扰教师与家长的一大问题。

这天，某高校心理咨询中心闯进了一个女生，她的名字叫王小磊。可是，她见到心理医生时，竟不知道该如何开口说话。后来，在心理医生的一再鼓励下，她才吞吞吐吐说起了自己的情况。

原来，王小磊有个"害羞"的毛病，两年多来，她很少与人讲话，即使与人讲话，她也是不敢直视对方，像做了什么亏心事似的。她还说到，平时一说话脸就发烧，心怦怦跳，肌肉起鸡皮疙瘩，好像全身都在发抖。她不愿与班上同学接触，觉得别人讨厌自己，在别人眼中自己是个"怪人"。最怕接触男生，即使在教室里，只要有男生出现，也会不知所措。对老师也很害怕，上课时，只有老师背对学生板书时才不紧张，而只要老师面对学生，她就不敢朝黑板方向看。常常因为紧张，对老师所讲的内容不知所云。更糟糕的是，如今在亲友、邻居面前说话也"不自然"了。由于这些毛病，她极少去社交场所，很少与人接触。

显然，王小磊患上了严重的社交恐惧症。她对于在陌生人面前或可能被别人仔细观察的社交或表演场合，有一种显著且持久的恐惧，害怕自己的行为或紧张的表现会引起羞辱或难堪。我们要想帮助孩子克服社交恐惧症，就要深入了解社交恐惧症的表现分为哪几类。

1. 脸红焦虑

一般人在众人面前时，经常会由于害羞或不好意思而脸

红，但赤面恐惧患者却对此过度焦虑，感到在人前脸红是十分
羞耻的事，最后由于症状固定下来，非常畏惧到众人面前。患
者一直努力掩饰自己的赤面，希望尽量不被人觉察，并因此十
分苦恼。有一位学生患者，因赤面恐惧而不能乘公交车，只好
坐出租车或干脆步行。在必须乘公交车时，他就事先喝上一杯
酒，使别人认为他脸红是喝酒所致，以此自我安慰；或拼命奔
跑急匆匆上车，解开衣服的纽扣，让别人相信他脸红是由于奔
跑所致，以掩饰赤面。这些症状在正常人看来似乎很可笑，但
对患者来说却像落入地狱般痛苦不堪。他们觉得不治好赤面恐
惧症状，一切为人处世等都无从谈起。

2. 视线恐惧

这种患者主要是与别人见面时不敢正视对方——自己的
视线与对方的视线相遇就感到非常难堪，以至眼睛不知看哪
儿才好。患者一味注意视线的事情，并急于强迫自己稳定下
来，但往往事与愿违，终于不能集中注意力与对方交谈，谈
话前言不搭后语，而且往往失去常态。有的学生患者在上课
时，总是不由自主地去注意自己旁边的同学，或总感到旁边
的同学在注意自己，结果影响了上课，并给自己带来无比的
痛苦。

3. 表情恐惧

患者总担心自己的面部表情会引起别人的反感，或被人看
不起，对此慌恐不安。表情恐惧多与眼神有关，患者认为自己
眼神令其他人生畏，或认为自己的眼神毫无光彩，等等。有一
位表情恐惧患者，他固执地认为自己的眼睛过大，黑眼球突

出，这样子被人瞧不起，又认为自己的表情经常是一副生气的样子，肯定会给别人带来不快，他冥思苦想，竟然使用橡皮膏贴住自己的眼角，认为这样就会使眼睛变小，但眼睛承受极大的拉力，非常痛苦，也很难持久。最后，患者下决心动手术。当然没有一个眼科医生会给他做这样的手术。

4. 异性恐惧

主要症状与前几种情况大致相同，患者在与异性或者与自己的领导或上级接触时，症状尤其严重，感到极大的压迫感，不知所措，甚至连话也说不出来。与自己熟识的同性及一般同事交往则不存在多大问题。

5. 口吃恐惧

口吃恐惧可归类于社交恐惧的一种。患者本人独自朗读时，没有什么异常，但到别人面前时，谈话就难以进行，或开始发音障碍或才说到一半儿，就说不下去了。

社交恐惧症是一种因心理紧张造成的疾病，只要积极治疗，做好心理疏导，就能克服恐惧。为此，家长应注意以下几点：

1. 多给孩子一点关爱

没有爱的滋润，孩子的生命就像无源之水。无论父母多忙，都请你不要忽视孩子，每周至少与他们交谈一次，同时可以带他们多出去玩一玩，送点小礼物给他们，给他们的生活带来一点惊喜的色彩。总之，家长无论多忙，对孩子提出的问题或表现出的一些不明显的心理问题症状，都不能不闻不问，这样才能及时发现、及时治疗，让他们感受到一份亲切与温暖。

2. 对孩子多一点耐心

不少"社交恐惧症"的孩子都极其自卑，这时，父母、老师只有以足够的耐心、真诚的态度，才能走进他们的生活空间，走进他们的心灵。只有产生了情感共鸣后，才能收到良好的诊疗效果。

3. 请教专家

当家长与老师实在无法自己解决孩子的问题时，应该及时向专家请教，向心理医生寻求帮助，以便孩子及早走出心理阴影。

孩子性格内向怎么办

在我们的生活中，不乏有这样的孩子：他们孤僻、自我、少言寡语，不愿跟大家一起玩，没有同龄孩子那种爱动、贪玩、好奇的特点，更缺乏友情带来的甜蜜与欢愉……诸如此类的情况举不胜举。这就是我们通常所说的性格内向的特点。

放学了，妈妈去幼儿园接杨美玲回家，看到别的孩子都聚在一起玩，只有杨美玲一人孤零零地在一旁正和两只鸭子玩对话的游戏，非常投入。

回家后，妈妈带杨美玲到小区内散步，看到别的小朋友都在雀跃地玩耍，妈妈便鼓励她跟其他小朋友一起玩，杨美玲却说："我不想跟他们玩，我要自己玩！"

前些天，幼儿园要举行诗歌朗诵比赛，其他孩子都踊跃报名，唯独杨美玲没有报名。同样，在上课时，只有杨美玲极少举手发言……孩子乖巧可爱，可总不愿表现自己，老师对她不在意，小朋友也无所谓她的存在，结果杨美玲总是处于不被人重视的地位。妈妈觉得杨美玲这种内向的性格，将来容易吃亏。

一个人之所以能够获得成功，与他人际上的成功也是有一定的关系的。性格过于内向的孩子往往不擅长与人打交道，因此常常被别人忽视。

总之，孩子性格内向有很多"不正常"的表现：他们不懂得如何与人建立正常的联系，缺乏与人交往、交流的倾向，有的孩子虽然不拒绝别人，但缺乏社会交往技巧。

他们的目光不敢注视对方甚至回避对方的目光，很少微笑，也从不会和人打招呼；他们的不合群还表现在对周围的事不关心，似乎是听而不闻，视而不见，自己愿意怎样做就怎样做，毫无顾忌、旁若无人，周围发生什么事似乎都与他们无关，也很难引起他们的兴趣和注意。

他们的目光经常变化，不易停留在别人要求他们注意的事情上面，他们只生活在自己的小天地里；他们言语很少，声音很小，有时甚至不愿说话而宁可用手势代替；他们常常在较长时间里专注于某件事，不肯改变其原来形成的习惯和行为方式；他们兴趣狭窄，难以适应新环境；他们很少关心别人，更无视别人的关心。

面对内向的孩子，父母该怎么办呢？

第一　造良好的家庭氛围，改善家庭成员间关系。全家
人应和睦相处，互相体谅，给孩子一个祥和、安全的家庭交往
境。父母还要积极改善与孩子的关系，不要用伤害的语言或
消极语言批评孩子。

第二，创造机会，让孩子在情境中学会交往。

第三，尊重孩子作为主体的人格和权利，避免包办代替。

第四，建立良好的伙伴关系。孩子孤僻、不合群，有时是
由于不能听取他人的意见，缺少合作意识造成的。

让孩子学会与他人分享

分享是与人快乐相处中一项非常重要的内容。家长有必要
让孩子表现出一定程度的慷慨大方，体会到分享的快乐。尤其
是那些被家长宠惯了的孩子，本身不善交流，如果再不懂分享
的话，他的人际关系就很难有什么起色。

赵振发是个 11 岁的男孩子，他有一次对老师说："我不快
乐！虽然我家有两个保姆，上百本图书和数不清的玩具。可
是，我就是不快乐！"

于是，老师就问他："你把这些书分给没有书的小伙伴看
过吗？"

"没有。"

"那你把那些玩具分给别人玩过吗？"

"也没有。"

"你的压岁钱用来帮助过有困难的同学吗?"

"更没有了。"

"所以你不快乐!"老师这样对他说,"如果你能把这些东西拿出来和别的伙伴分享,快乐自然就会来到你的身边!"

这次谈话后,赵振发了解到贫困地区有许多爱学习的孩子没钱买课外书时,他真的很吃惊,就和妈妈一起捐出一万块钱,要求为5所农村小学建立"手拉手"书屋。

几个月之后,赵振发真的收到了上百封农村孩子的来信,赵振发的班主任当时惊讶不已,还以为这个男孩干了什么惊天动地的"大事"。

在这些信中,农村孩子对赵振发表达了最朴实的感谢,说他们从来没有看到过这么多的书,还说这些书让他们产生了许许多多美好的梦想,给他们带来了不曾有过的快乐,更说他们一定会好好读书……

赵振发被感动了,他忽然觉得,自己是多么地重要,自己的这些书是多么地神奇!

慢慢地,赵振发变得快乐了,他还和妈妈商量好,每年都要省下一些钱来捐书,送给山里的孩子。第二年,他又捐了1000册书……

分享是快乐的大门,学会分享,懂得分享的孩子就进入了快乐城堡;独享是痛苦的大门,只知独享,只会独享的孩子就走进了痛苦的泥潭。所以,让孩子学会分享,是让孩子学会交往,变得快乐的必要手段。

家长应从以下几个方面教孩子学会分享:

1. 不要溺爱孩子

由于当前很多家庭的孩子都是独生子女，家长对孩子的溺爱更严重了。很多家长出于对孩子的爱，把好吃的、好玩的全让给孩子，孩子偶尔想与父母分享，父母却在感动之余说："我们不吃，你自己吃吧！"长此以往就强化了孩子的独享意识，他们理所当然地把好吃的、好玩的全据为己有，导致孩子只会独享，不愿与他人分享。

2. 帮助孩子建立安全感

在物质比较丰裕的今天，这点不难办到。以自我为中心的前提是匮乏，所以你给了他满足，他在获得安全感后，自私的想法就会淡化。比如，如果孩子只有一颗糖果，他当然不会喜欢把它分给别人。但是如果他有很多的糖果，他就会留出自己的部分，乐意让别人去分享剩下的部分，当他体验到分享的快乐时，逐步减少他自己的分量甚至完全共享都是可以做到的。黄妈妈经常在放学接儿子的时候，给儿子带很多小食物，要他分给小朋友们。开始儿子不肯，妈妈告诉他家里还有很多很多，他才放心了：看到朋友们拿到东西的喜悦，孩子慢慢开始变得热心了，主动给每个小朋友分发。

3. 不能让孩子有特权

家长要教育孩子既看到自己，也要想到别人，知道自己与其他成员是平等的关系。好东西应该大家分享，不能只顾自己，不顾别人。自己有需要，别人也一样有需要。不要让孩子凡事把自己放到第一位，这样的孩子容易有自私自利的行为。

4. 让孩子明白分享不是失去，而是互利

孩子之所以不愿与人分享，是因为他觉得，分享就是失去。要让孩子明白，分享表现了自己对别人的关心与帮助，自己与别人分享，别人可能也会回报给自己同样的关心与帮助，这样彼此关心、爱护、体贴，大家都会觉得温暖和快乐。分享其实不是失去，它是一种交流，一种互利。

5. 让孩子多结识大方的同龄朋友

大人有大人的世界，孩子有孩子的世界。与其说大人的榜样是很重要的，那么同龄人的带领就会更加刺激孩子下决心向同龄人学习和比较。如果孩子身边的朋友大都是大方不计较的好孩子，那么自己的孩子也不会太差。要知道，环境是很重要的因素。

6. 给孩子分享的实践机会

一般来说，父母都疼爱自己的孩子，但爱的方法各有不同。父母千万不可对子女百依百顺，要什么给什么，更不要把孩子当成贵宾一样，要穿最好的，要吃最好的，有好的东西只想到自己。众多家人意见中，老是以孩子意见为优先，久而久之，孩子就成了"小皇帝"。这些孩子在家里有这样的表现，到外面自然也习惯如此。因此，家长要给孩子分享的实践机会，让他们真正懂得如何与人分享。

在教育孩子与人分享的同时，家长还要注意一定的原则和技巧，比如，要让自己的孩子和别的孩子分享他所喜爱的玩具，切忌对他进行强迫，也无须向他讲一些空洞的大道理。不妨可以这样跟他说："你玩一会儿，让他玩一会儿，你们俩都高兴，不是很好吗?"适当地引导孩子，积极有效地对孩子进行鼓励、赞美，能让孩子感到分享对他不是一种剥夺，而是一种增添更新更多乐趣的机会。当孩子较小时，家长不妨就对孩子进行这方面的"分享训练"。比如，当孩子手中拿着画册时，家长可以拿着一个玩具，然后温柔地、慢慢地递给他玩具，并从其手中取走画册。通过这样反复训练，孩子便学会了互惠与信任。此外，家长还可以从侧面出发，想一些比较特别的点子，让孩子体验到与人一同分享玩具时可以玩出一些新的花样，可以体验到更多的快乐，这样做能吸引孩子自动尝试着与小伙伴分享。

教会孩子多为别人着想

有位母亲为自己 8 岁的女儿大伤脑筋，她经常跟同事诉苦：女儿性格很内向，还有个很大的毛病，就是不会关心别人。家里老奶奶生病时叫她做点事她都不高兴，平时就更不用说了。在学校里也不会关心同学、老师，甚至在公共汽车上给病人让个座都不愿意。我们在家里上让老、下让小，在单位里也热心助人，可为什么我们的孩子却自私、不关心别人呢？我们应该怎么教育她才好？

可以说，很多孩子的家长都有着这位母亲的烦恼，他们发现，孩子总是把心门关起来，从不允许别人靠近，也从不懂得为别人着想。其实，在现实生活中，还有很多因素导致孩子

"冷漠、无情"——当前的孩子大多数都是独生子女，在家庭中，他们被祖父母、外祖父母、父母等人围绕着：好吃的尽让孩子吃，孩子要求什么也尽可能满足，孩子听到的都是好听的。在孩子内心世界里，从不知道"不"字的意思，在这样的"顺境"中，久而久之，孩子变得狭隘、自私、冷淡，不会关心自己以外的人和事，见到好吃的，抓到手就吃，不关心别人能不能吃到；看到好玩的玩具，就任着性子要，不管父母能不能承受得起；听到不顺耳的话，就不耐烦，任性发脾气，不论别人如何看他，一切以我为中心，只知有我，不知有他。

孩子终归要长大成人，离开父母，走出家庭。进入社会的第一个问题就是如何学会与别人相处，得到别人的支持和帮助。只有那些关心别人、在别人遇到困难时主动支持别人的人，在自己遇到困难时，才会得到别人的关心、支持和帮助。如果孩子不会关心、支持和帮助别人，他们又如何能适应社会而被社会所接受呢？孩子成人后狭隘、自私，社会适应能力和社会心理承受能力差，即使智力水平高，也是很难成为社会有用之材的。

所以，家长一定要纠正孩子以"自我为中心"的坏毛病，教育他们要从小学会关心他人。

1. 言传身教，以身作则

在日常生活中，家长要互相关心，对长辈要体贴照料，对待亲友要嘘寒问暖，谁生病了，主动侍候；谁有困难，主动帮助。家长对别人主动、热情地关心，孩子耳濡目染，自然会受到潜移默化的影响。另外，家长要经常给孩子讲一些关心别人的故事和道理，编排一些关于关心别人的游戏同孩子一起做，使孩子逐渐理解和懂得关心别人是一种美德，好孩子应该关心别人。

2. 要加强指导，积极鼓励

孩子的认识能力比较低，知识经验少，需要成人在认识上给予帮助，行动上给予指导。在日常生活中，如果孩子告诉成人自己做了什么关心别人、帮助别人的事情，成人应及时对孩子进行表扬和鼓励，以强化孩子的这种良好的思想行为。回报是一种对给予我们帮助和爱的人的真诚感激。饮水思源、知恩图报是高尚的，反之，忘恩负义、以怨报德则是可耻的。家长如果只是无私地给予孩子无尽的爱，而不注意培养孩子知恩图报的品德，孩子就会视家长对他的关爱为理所当然，尤其是集众多爱于一身的独生子女，更容易养成娇惯、自私的心理，将来一旦父母老矣，不能为他所用了，他与父母之间的联系也就恩断义绝，最终变成忘恩负义之徒。

3. 鼓励孩子交往，让孩子学会谦让

日常生活中，家长应有意为孩子创设与同伴交往的机会，鼓励孩子和其他孩子多交朋友，这是让孩子学会关心、学会谦让的一个有效的方式。研究表明，5 岁以下的孩子是非常需要友情、需要伙伴的，这样有利于培养孩子良好的性格和习惯。但是，很多孩子邻里交往很少，他们终日一个人学习、玩耍，时间久了，孩子的心里自然很少考虑到他人，孤独的环境促使了孩子以"自我为中心"心理的形成。要想改善这种情况，家长除了要多陪孩子交谈、玩耍外，更重要的是鼓励孩子与同学、邻里发展友谊，要鼓励孩子带同学、朋友来自己家里玩，也要鼓励孩子去别人家玩，让孩子帮邻居家取报、送信，到邻居家借还物品，等等。当然，家长带孩子出游时，也可带上孩子的同学、朋友。在这些交往过程中，孩子就会体验到与朋友应怎样相处，逐步学会为他人着想、关心他人。

4. 利用移情作用，培养孩子情趣

移情是人将对某一事物或某一人的情感迁移到另一事物或另一人身上的心理现象。孩子总是这样认为，花鸟鱼虫等动植物也是和人一样，都有思想和感情。因此，他们常把动植物当作人一样看待，跟它们交谈，对它们爱抚。我们可以利用孩子的这种思想行为，鼓励指导他们种植花草，饲养小动物，培养他们对花草、动物的珍爱之情。他们对动植物有了这种珍爱之情，往往也会对人产生同情、怜爱、关心。所以，指导孩子种植与饲养，培养他们喜爱花鸟鱼虫的感情，也是增进孩子关心别人的方法之一。

5. 为孩子创造劳动的机会

开始可以让孩子做一些简单的事情，比如，帮着扫地、拿碗、拿筷子等事情，他做得好就要表扬他，让他有成功的满足感，让孩子在劳动中懂得，帮助别人很开心。

总之，孩子关心别人的良好习惯是靠平时一点一点培养起来的，因此，作为家长，应对孩子的行为与性格的养成起到监督和指导的作用。

不可以忽视倾听的作用

莎士比亚曾经说过："良好的谈吐有一半要靠聆听。"加普兰教授也指出："人我之间相互对谈之缺失、弊端，不一定来自谈话本身的技巧，而是由于彼此急于表达自己，缺少耐心去倾听对方的诉述。"可见，在人与人交往的过程中，倾听有着重要的作用。

首先，有效的倾听能帮助孩子博采众长，弥补自己考虑问题的不足；也能使孩子触类旁通，萌发灵感。善于倾听的孩子一般学习能力都强，成绩都比较优异。而一个总在他人说话时插嘴的孩子，通常没有认真听课的习惯，注意力不集中，所以总在老师真正问起问题的时候，什么都不会。这样的孩子，通常学习成绩都比较差，思路跟不上课堂的进度。

其次，善于倾听的孩子能获取朋友的信任，是一个人真正会交际、有教养的表现。善于倾听的人能够给别人充分的空间诉说自己，帮助他人减轻心理压力。每当人们遇到不如意的事，总想找个人一吐为快。我们的倾听，在别人不如意时往往会起到意想不到的缓解作用。同时，善于倾听，还可以了解到他人的心理想法与需求，能够提出合适的建议，从而获得友谊与信任。

一个不善于倾听别人说话人，人际关系通常都很失败。他们总喜欢滔滔不绝，别人的话还没有说完，他们就插话；别人的话还没有听清，他们就迫不及待地发表自己的见解和意见；可是，当对方兴致勃勃地与他们说话，他们却心不在焉，手上还在不断拨弄这个拨弄那个。这样的人，没有人愿意和他交谈，更不会有人喜欢和他做朋友。这样的人，给人的印象是浮夸、不值得信任，没有教养，所以，总招人嫌弃。

英国作家萧伯纳是个很聪明、很健谈的人。少年时，他总是习惯于表现自己，无论到哪里都说个没完，而且出语尖刻。一次，他的一个朋友忠告他："你说起话来真的很有趣，这固然不错，但大家总觉得，如果你不在场，他们会更快乐，因为他们都比不上你。有你在场，大家就只能听你一个人说话了。加上你的言辞锐利而尖刻，听着实在刺耳，这么一来，朋友都将离你而去，这样对你又有什么益处呢？"

朋友的提醒给了萧伯纳很深的触动，他从此立下誓言，决心改掉"自话自说"的习惯，后来，他重新赢得了朋友的欢迎和尊敬。

对于谈话者来说，倾听是褒奖对方谈话的一种方式，是对人尊重的体现，是安慰别人的一剂良药。它有些时候比"说话"更为重要。要做到会倾听，应注意多聆听，了解对方的真正意图，不要在别人还没说完的时候就插嘴或者就打断别人的话。

在《听的艺术》这本书中，曾讲述了这样一个故事：

美国知名主持人林科莱特一天访问一名小朋友，问他说："你长大后想干什么职业？"

小朋友天真地回答："我要当一名飞机的驾驶员！"

林科莱特接着问："如果有一天，你的飞机飞到太平洋上空所有的引擎都熄火了，你会怎么办？"

小朋友想了想："我会先告诉飞机上所有的乘客都绑好安全带，然后我挂上降落伞跳下去。"

当时在场的观众都笑得东倒西歪时，林科莱特先生继续注视这孩子，想看看他是不是个自作聪明的家伙。没想到，孩子的两行热泪夺眶而出，林科莱特这才发觉这孩子的悲悯之情远非笔墨所能形容。于是，林科莱特问他："为啥要这样做？"

小孩的答案透露出一个孩子真挚的想法："我要去拿燃料，我还要回来的！"

听别人谈话时，应等别人把话说完以后再发表意见。这就应该做到：听话不要听一半；更不要把自己的意思投射到别人所说的话上。只有这样，才算是会"倾听"了。

家长应怎样让孩子学会倾听呢？

1. 运用"按指令行事"法发展孩子的倾听能力

好动是孩子的天性之一，也是身心发展的一个阶段。为此，家长可以用按指令行事的方法来发展孩子的倾听能力。如要求孩子听指令做相应动作；在日常生活中交给孩子一些任务，让其完成，以锻炼孩子对语言的理解能力；让孩子根据某种音乐或节奏；等等，一边看着大人的手势，一边完成某些动作或相应的行为等。

2. 运用"听辨错误法"来发展孩子的倾听能力

生活中，有的孩子听一件事时，只听到其中的一点儿就听不下去了，这就说明倾听的质量不高，听得不仔细，不专心和不认真。因此，家长应该有目的地让孩子在日常生活中，去判断语言的对错，吸引孩子注意倾听，并加以改正。比如说"玉米棒结在地下，葡萄结在树上"等错误语句，让孩子倾听后，挑出毛病并纠正。

3. 培养孩子倾听的习惯

有些孩子在听他人讲话时要么心不在焉，要么目光转移，要么四处走动，这种行为使说话者受到伤害，谈话不仅无法收到较好的效果，还会影响双方的关系。

家长一定要端正对孩子的态度，孩子首先是一个独立的人，其次他是一个与大人平等的人，如果孩子养成了以自我为中心的不良习惯，想要让孩子倾听他人是不太可能的。因此，父母既要重视孩子的自尊心，也不能把孩子当成全家的中心，什么事情都围绕孩子转。应该让孩子懂得在听别人讲话时，要尊重他人，可以自然地坐着或者站着，眼睛看着说话的人，不要随便插嘴。安静地听别人把话说完，这是一种礼貌。

4. 通过游戏训练孩子的倾听能力

一种良好的练习倾听的游戏就是"传话"。比如，妈妈可以向孩子说一段话或者讲一个故事，要求孩子认真仔细地听完，然后把这段话或者这个故事讲给爸爸听，妈妈要听听孩子复述的是否准确。或者，几个甚至十几个孩子共同玩这个游戏，大家围坐一圈，由一个人开始，将一段话悄悄传给第二个人，第二个人又传给第三个人……如此转一圈，当最后一个人把话传到发话人的时候，原话往往已经变得面目全非了。通过这种游戏可以训练孩子的倾听能力。

5. 教给孩子倾听的技巧

告诉孩子，在听别人说话的时候，认真、专注是对他人最好的嘉奖。如果能够在听的过程中提出自己的问题，那就更好了。当然，这里的问题不是故意刁难，更不是挑毛病。在听的过程中要边听边想。一个懂得倾听的孩子才能让自己的语言彰显出无穷的魅力！

6. 在活动中巩固

多让孩子参加各种有益的活动，既要孩子听明白活动的内容、要求、规则及其他事宜，又要鼓励他们寻找表现自己的机会，在适当的时候突出表现自己的才能。幼儿园可开展形式多样的表演会、演讲会、故事会、小新闻发布会等类似的活动，引导孩子认真听同伴讲，鼓励他们大胆踊跃参加表演。

第六章　教孩子做情绪的小主人

帮孩子了解自己的情绪

情绪是人的心理活动的外在表现，它来源于外界事物对人体的刺激，产生于人的内心需要是否得到满足。日常生活中，我们所表现出的喜、怒、哀、惧正是情绪的四种基本表现。不同的境遇使人的情绪表现不同，不同兴趣志向的人也会有不同的情绪反应。

心理学家把情绪分为消极情绪和积极情绪两大类。积极情绪，如兴奋、喜悦、乐观、开朗等能促使人积极地行动，有利于一个人更好地发挥自身的潜能；消极情绪又被称为不良情绪，则会影响一个人的认识水平与能力的发挥。

一般来说，日常生活中那些符合人们需求的事物都会激发人们诸如满足、快乐、愉快、适度兴奋、喜爱等积极的心理感受，而另外一些不符合人们需要的事物则会让人产生诸如焦虑、悲观失望、恐惧、愤怒、抑郁等不良情绪。

情绪对一个人一生的发展有着至关重要的作用，能够对情绪进行控制的人往往能很巧妙地处理自我的心理危机，化解各种烦恼，从而做自己情绪的主人，那么，他们的成功也就很容易了。但是，一个总是被情绪所困的人，却无法让自己的心智摆脱情绪的困扰，也不能完全释放自己的潜能。因为，不良情绪总是让人失去理智，失去正常的思维能力，失去判断是非的智慧。因此，家长要让孩子试着了解自己的情绪。下面几种方法可供大家参考：

1. 让孩子了解什么是情绪

家长应该让孩子认识到情绪是一个人心理活动的表现，它有好坏之分。好情绪能够调动一个人的积极因素，使一个人的行动力更强；而坏的情绪则会影响一个人的行动能力。比如，要考试了，因为担心考不好，心情紧张，所以遇到简单的题目都不会做；又比如，听了难听的话，心里生气了，也冲动地回以难听的话，就可能引发人与人之间的矛盾；等等。

在此基础上，家长可以让孩子辨识不同的情绪，每个人不同的表现等。这样做，能让孩子体察自身的情绪。对孩子了解并控制自身的情绪很有帮助。

2. 让孩子了解自己的情绪类型

人的情绪有悲观和乐观之分。如果一个乐观的人在追求梦想的道路上遇到了挫折，他们不会被眼前的挫折压倒，而是坚信一定会取得成功。而悲观的人则会消极沉沦，提不起半点奋斗的勇气，他们的眼光只放在不利条件上。

只要父母利用一个小小的道具，就可以轻而易举地看出孩子的情绪类型。在桌子上放一个装了半杯水的玻璃杯。乐观的孩子看到的是杯子的一半已经被装满，而悲观的孩子看到的是这个杯子还有一半是空的。

另外，在生活中，当孩子表现出不同的情绪时，父母可以做一些指导，告诉他们现在的情绪是好还是坏。当孩子表现出积极的情绪时，父母要及时加以肯定，这样一来孩子对自我的情绪类型就会有一个完整的认识。

3. 让孩子把握自己的情绪周期

和成年人一样，孩子的情绪也有一个大致的周期。在情绪高峰期，孩子会感到心情舒畅，做任何事情都得心应手。即使遇到了不顺心的事情，他们也不会特别在意。这时无论是睡眠质量还是体内的新陈代谢都处在一个最佳状态。可是一旦孩子进入情绪的低落期，表现就大相径庭了。孩子会无缘无故地感到焦虑不安、忧伤、恐惧等，他们对外界事物会特别敏感，别人无心说的一句话就有可能给他带来持久的伤害。当孩子的情绪处在高峰和低谷之间时，他们的情绪会比较稳定，不会有大的波动，处理问题时虽不像高峰期那样高效、快捷，但也不会像情绪低谷期那样一筹莫展。

情绪周期在童年时期开始逐渐成形，因此父母要在此时帮助孩子了解自己的情绪周期。当孩子的情绪发生变化时，父母要及时地提醒孩子注意自己的情绪变化，并让孩子有意识地调节自己的情绪，尽可能减少消极情绪出现的频率。要让孩子在长期的反复实践中建立一个良好的情绪周期。

只有充分了解情绪、了解自身的情绪特点，孩子才能把握自身的情绪，抵制不良情绪的侵入，也才能对事物有更全面更准确的认识，理智地面对生活中的种种考验。这是我们培养孩子情商的初衷。

不良情绪对孩子的危害

心理专家透露，近年来，神经衰弱的现象趋于低龄化。引发这一症结的正是"消极情绪"。对于年幼的孩子，他们的消极情绪通常有抑郁、恐惧、悲伤、嫉妒、犹豫、情感淡漠、情绪低落、情绪不稳定等。这些消极的情绪会给孩子的成长带来很大伤害。具体表现在：

1. 引起身体不适

很多人都知道"七情六欲"这个词，但是未必有人能够知道这"七情"到底指的是什么。我国传统医学认为，人的七情指的是喜、怒、忧、思、悲、恐、惊七种情绪，喜伤心，怒伤肝，忧伤肺，思伤脾，恐伤肾。也就是说，人的五脏会在这几种情绪的影响下发生病变。

当然，一般情况下，这些情绪不会对孩子的身体健康有太大的影响。但当孩子突然受到某种情绪的强烈攻击，或是长时间沉浸在某种情绪内，就会造成身体的不适。在不良情绪的影响下，很多疾病也会随之而来。

（1）感冒：感冒与人的免疫力有很大的关系，而情绪对免疫力又有较大的影响，持续的精神不振会使免疫力降低，机体杀伤、吞噬病原微生物的能力减弱，干扰素水平低下，使呼吸道防御机能暂时减退，从而削弱人对感冒病毒的抵抗力。

（2）癌症：临床实践已证明，绝大多数癌症患者发病前都有长期的抑郁、悲伤、焦虑、苦闷、恐惧等不良情绪。不良情绪不仅会带来睡眠不佳、食欲不振等生理反应，还会使体内激素分泌发生变化，从而导致免疫功能下降，使癌症乘机而入。

2. 影响孩子的身高

沈阳市妇儿保健院发育儿科主任王树杰发现，身材矮小的儿童常伴有心理障碍，并且由于身材矮小产生自卑感、自信心不足而采取躲避、排斥的方法脱离群体。这些不良情绪均会影响儿童生长激素的正常分泌和身体长高。

3. 影响孩子的学习

影响孩子学习的因素有智能、体能、注意力、动机、情绪、学习的方法、环境、教导的方式、教案设计及教导者的态度等，其中情绪因素起着非常重要的作用。如果孩子的情绪稳定、良好，那么，他（她）便能专心、投入地学习，其学习状态与学习效果必然也佳。反之，如果孩子的情绪波动厉害，经常为不良的情绪困扰，那么，他（她）就没有办法集中注意力听讲，从而导致学习成绩下降，甚至产生厌学的心理。

此外，不良的情绪还影响到孩子正常水平的发挥。受不良情绪的困扰，很多原本学习成绩良好的孩子会在大考中发挥失常。

4. 影响人际交往

人们常说微笑是会传染的。同样道理，不良情绪也是会传染的。不良情绪会影响周围人的情绪，导致人际关系恶化。

雯雯临出门前被妈妈训了一顿，原因是昨天晚上的作业做

正面管教

得太迟了。

雯雯带着一肚子的气来到学校，这时同桌杨杨"不识相"地凑了过来："嘿嘿，这么晚才来学校，该不是早上起来赶作业了吧？"

这句话正好触到雯雯的痛处，雯雯气呼呼地把作业本一拍，说："我早上赶作业怎么啦？碍你什么事情啦？你管得倒是挺宽的吗？比我妈还八婆。"

杨杨原本只是开个玩笑，没想到被雯雯噎得差点喘不过气来。为此，她好几天没有理睬雯雯，从此对雯雯也变得冷淡了起来。

雯雯心里虽然过意不去，但碍于面子，总不好意思开口道歉。她觉得自己现在坐在一脸冰冷的杨杨身边真的是度日如年。

故事中的雯雯就是因为情绪化的语言得罪了同桌好友，影响了朋友之间的感情，所以变得更加焦虑。长期处在人际交往的"坚冰"上，不但会影响孩子的健康情绪发展，甚至导致其不良行为或人格障碍。

5. 影响孩子的生活质量

任何事物都要保持在一定的范围之内，否则就会引起不良变化。如果孩子长期处在不良情绪的影响下，而且找不到科学有效的方法排解，那么将会给他的心理健康造成很严重的负面影响。我们经常会见到很多内心悲观失望、对外界事物没有好奇心的孩子，他们对自己的生活失去了应有的信心，开始怀疑自己生存的价值。

6. 影响心理健康

一个人的情绪如果长期保持消极状态，并且不能及时进行自我调节，会妨碍个体正常的心理健康，导致人悲观失望，对一切都毫无兴趣和激情，对生活失去信心；同时导致社会功能的下降，如上学、上班、家务、社交能力削弱；如果进一步发展，严重的抑郁情绪得不到有效的干预，容易酿成自杀或伤害他人的悲剧。

随着不良情绪的持续发展，还会诱导某些精神障碍，如精神分裂症、双向情感障碍、痴呆、强迫症、恐降症、疑病症等，后果不堪设想。

正因为消极的情绪危害着孩子的身心健康，影响着孩子生活的质量，所以，家长应重视孩子的情绪管理，让孩子在了解不良情绪的危害性的基础上学会调节自身的情绪。

别让孩子压抑不良情绪

不同的孩子，因其气质（主要靠遗传获得）、性格、情绪（心理学家称之为"觉醒水平"）、阅历等的不同，他们对情绪的表达也是不一样的。有些孩子能够理性地疏导自己的情绪，这当然是在情商水平较高的前提下；而有的则喜欢用大吵大闹来宣泄自己的不良情绪；还有一类孩子，不愿意表露自己的情绪，以致不良的情绪长期被积压在心里，导致其性格抑郁沮丧，心理不够正常。专家表示，最后这类孩子是最令人担忧的，因为当他们遇到困难和不快时，身边的人无法知晓，结果可能会因情绪得不到正确的宣泄而出事。

我们都知道，人的情绪都需要一个突破口，只有有突破、有发泄，一个人才能变得轻松、愉快起来，才可能轻装上阵，重新投入学习、生活、工作中。然而，如何发泄不良的情绪还有个"尺度"的问题，过激的宣泄方式非但不能很好地疏解自己的情绪，还可能给自己带来新的麻烦。

某大学的研究生张某被同学爆料曾经多次虐待猫咪。

面对记者的提问，张某说自己很喜欢猫咪，因为自己的生活太枯燥了，总是有很多不顺心的事情压在心头，有了猫咪的加入，原本平静的生活就荡起了些许涟漪。不过，因为找不到朋友，不懂得如何发泄自己的情绪，所以当自己遇到令人心情烦躁的事情时，他就拿猫咪来发泄。

一个接受过高等教育的研究生竟然用这样的方式发泄不良情绪，让人不禁为此唏嘘不已。

而同样是发泄不良情绪，方刚的方式就显得理智多了。

方刚非常喜欢踢足球，他对足球的热爱几乎到了痴迷的程度。一个非常偶然的机会，方刚说出了自己喜欢踢足球的另外一个鲜为人知的原因。

原来，方刚的爸爸脾气非常暴躁，动不动就动手打他，每当这时，方刚就会觉得自己有万分委屈，可是他又不能解释，因为越解释，爸爸就打得越厉害。所以方刚就把自己的愤怒和不满全都发泄在了足球上，每当他踢出去一脚的时候，心情就会变得舒服一点。这样一来，不仅自己的球技有了长进，糟糕的心情也随之一扫而光了。

每个人在生活过程中都会遇到这样或者那样的问题，这些问题多多少少会影响到一个人的心情，使其产生伤心、焦虑、厌恶、恐惧等情绪。可是由于孩子的生活经验太少，他们不知道该如何调节这类情绪，有时候难免会因为对现实的不满，对情绪的无法疏解而做出一些极端的事情来。因此，家长应关注孩子的情绪，发现孩子陷入不良情绪的旋涡时，要帮助孩子用正确的方法，适时地宣泄自己的情绪。只有这样，孩子才能健康快乐地成长起来。

专家认为以下的情绪宣泄方式能更好地帮助孩子：

1. 鼓励孩子把不良的情绪"说"出来

倾诉是缓解压力的重要途径，如果不能让孩子学会倾诉，那么，久而久之，孩子遇到什么事情都不愿向家长及他人倾诉，而是把心事闷在心里，长此以往，就会造成孩子的心理危机。

倾诉可以缓解人的压力，让人把紧张的情绪释放出来。要让孩子学会通过这种途径来排解情绪，在遇到冲突或挫折时，要鼓励、引导孩子将事由或心中的感受告诉他人，以寻得同情、理解、安慰和支持。孩子对成人有很大的依赖性，成人对孩子表现出的同情或宽慰会缓解甚至清除孩子的心理紧张和情绪不安，即使在孩子倾诉并不合乎情理的情况下，也要耐心地听下去，至少保持沉默，等待孩子情绪的风雨过后，再与他细作理论。

2. 让孩子用运动宣泄情绪

有时候，孩子心情不好，家长一味地追问可能会适得其反，让孩子更加焦虑。我们不妨装作不知道，带孩子走出家门，投身到大自然中去，和孩子一起跑步或者大声喊，喊完之后我们可以这样开导孩子："最近爸爸在工作上遇到了很多麻烦，心里很烦躁，不过这样跑一跑，喊一喊感觉舒服多了，你觉得呢？"

在这种情况下，孩子发现不是自己一个人有烦恼，自己敬重的父母也会遇到棘手的问题。他们就会很自然地向父母倾诉自己遇到的麻烦事。而且在经过一番发泄之后，他们往往能更客观地去分析自己遇到的问题。

3. 让孩子把自己的情绪画出来或者写出来

专家认为，让孩子以画画或文字来表达当时的心情，能帮助孩子很好地宣泄自己的不良情绪。因为在这个过程中，孩子可以有机会重组事件经过，并有机会做出检讨和反思。

4. 鼓励孩子把不良情绪"哭"出来

哭是孩子情绪宣泄的一条重要渠道，当孩子遭遇恐惧、委屈、愤怒时常常会用哭来表达内心的感受。然而很多家长讨厌孩子的哭声，因此当孩子哭泣的时候，他们不是哄劝孩子停止哭泣，就是采取强硬措施进行严厉制止。事实上，家长的这种做法是不科学的。因为，孩子在哭泣的过程中可以缓解自己紧张的神经，哭过之后，孩子的情绪会变得轻松起来。因此，当孩子的情绪产生巨大的波动时，父母一定要正确地引导孩子哭泣，尽快地排解不良情绪。

不过，虽然哭是孩子情绪宣泄的一条重要渠道，是孩子情绪的自然流露，但绝不是唯一的渠道，而且也不是最好的渠道。因为这种方式往往会让周围人以为是孩子不坚强的表现，得不到周围人的同情和理解，相反，常会使人感到烦躁不安。因此，引导孩子哭泣也要适可而止。

5. 帮孩子转移不良情绪

很多人都会有这样的经历：一旦陷入了某种困惑或者某种不良情绪之中，如果一味地责备自己的过失，耿耿于怀，就会让自己更加狼狈不堪。这样的情况同样会发生在孩子的身上。如果孩子遇到了挫折或其他不开心的事情，父母要指导孩子不要把眼光停留在自己跌倒的地方。首先要和孩子沟通，看看问题出在哪里。然后给孩子提出预防类似问题的建议。最后，也是最重要的一步，就是让孩子的注意力转移到其他事情上，如让孩子下下棋，练练飞镖什么的。

此外，家长还可以在不同的情况下，给予孩子情绪上的梳理与指导，这样，孩子才能学会表达自己的情绪，成为真正快乐的人。

6. 给孩子一个拥抱

当孩子发泄完之后父母一定不要忘了给他们一个拥抱，并且告诉他："每个人都会遇到不顺心的事情，但是我会站在你这边，我相信你一定能够让我们重新看到那个活泼的精灵。"因为当孩子发泄完负面情绪之后可能会感觉很迷茫，这时亲情的注入就会让孩子在情感上得到满足。

认识到你的孩子在生活中同样存在压力，耐心地和他们一起分析解决这些问题对每位家长来说都是必要的。作为家长应了解孩子情绪变化的特点，尤其应了解自己孩子情绪变化的特殊性，有具体的分析，具体的措施，注重从正面培养好孩子良好的情绪，掌握调节情绪的必要手段和方法，如此您的孩子一定能够具有健康的心理，健全的人格，良好的品质，从而终生受益。

纠正孩子任性、情绪化行为

"情绪化"是一个人过于敏感的表现，情绪化的人容易因为一些微不足道的原因发生较大、较明显的情绪波动，他们不能控制自己的情绪，遇事非大喜则大悲。比如，他们容易因小事而大发脾气；不过，同样地，也极容易因喜乐而手舞足蹈。他们快乐时的天真烂漫，固然让人感染了喜悦，满心欢喜；但是，他们愤怒时的火暴脾气，却也令周围的人退避三舍。所以，情绪化的人，他（她）的人际关系很难维持。

现在，很多孩子因为自控能力差、对自身的情绪认识不足，变得越来越情绪化，他们往往以自我为中心，稍有不顺心就会大发脾气。

张岚今年十岁，念小学四年级。因为从小娇生惯养，张岚养成了任性、要强、情绪化、爱发脾气的坏毛病。菜不好吃，责怪大人；父母吃了她爱吃的点心，就大声怪叫；每天起床，几乎总要找点事情，发一顿脾气。

某天放学后，母亲陪她上街，因为错买了她要的饼干，她就坐在家门口阶梯上不走，奶奶和邻居好言相劝也不睬，父亲专为她重买来饼干仍不解气，上楼后还独自关在房里哭闹漫骂一两个小时才逐渐平静下来。

因为张岚过于情绪化，班上的同学都不喜欢和她来往，总说她是一个"极难应付"的人，而张岚的老师也评价说："这孩子过于自我。"而张岚的爸爸妈妈对张岚打也不是，骂也不是，非常苦恼。

美国心理学家威廉·科克的研究表明：任性、情绪化是一种孩子普遍存在的心理现象。由于儿童的思维是以自我为中心的，对许多事情缺少认识和判断力，他们常常根据自己的向往、兴趣，向家长提出这样或那样的要求。而家长在孩子小的时候总是无原则地满足孩子的要求，导致孩子滋生出任性的毛病。加之孩子对自己的情绪控制能力差，一旦有一天他（她）的需要没有得到满足，就会表现出情绪失控。孩子过于任性、情绪化不但影响到健康人格的塑造，还影响到他们的学习、生活以及今后事业的发展。因此，家长应帮助孩子改掉情绪化的坏毛病。

在日常生活中，家长应该做到：

1. 理解孩子的心情，纠正孩子的行为

当孩子有霸道行为出现时，父母应先处于他的立场设想，试着了解他的心情。对孩子的霸道行为，勿过于迎合或者是敷衍，应当适时地给予辅导和纠正。当孩子有比较好的表现时，要适时地给予鼓励和肯定，孩子一旦受到肯定，心中便会意识到何事可为；而当孩子有霸道行为时，则须给予辅导和纠正，孩子就明白何事不可为。

2. 培养和孩子讲理的习惯

父母要学着每一件事情都要和孩子讲道理，让孩子慢慢了解和接受。如果孩子年纪小还不了解或听不入耳，父母也不必太过着急或过分期待孩子马上接受，因为孩子每天都在成长，慢慢地，他就会变得较为讲理。做父母的千万要记住：切勿"以霸治霸"，以免让孩子以为武力可以解决一切问题。

3. 内心慈爱，处理事情态度坚定

在处理孩子的任性行为上父母态度要一致并且要坚决，同时，爷爷奶奶、外公外婆也一定要与孩子的父母保持一致的态度。要不然，对孩子的任性要求，父亲坚决不给，而母亲却给；父母坚决不给，爷爷奶奶却给，这样让孩子的任性行为也就有了选择的机会，他的任性行为就永远不会得到彻底纠正。同时这样做还会使孩子形成不良的双重人格（在父母面前是个乖孩子，在爷爷奶奶面前则是个极端任性的孩子），这不利于孩子的心理健康。所以我们认为，要彻底纠正孩子的任性行为，成人就要采取一致的态度。只有这样才能使孩子对自己的任性行为，除了放弃，别无选择。

4. 冷淡地对待其情绪化的行为

当孩子情绪化、乱发脾气时，家长应立即指出他的错误，并对他的态度冷淡下来，不理睬他，直到孩子"软"下来，再给他讲道理。而当孩子有所进步，如同样一件事，孩子在以前会乱发脾气，现在不再乱发脾气或乱发脾气减轻了，家长要及时给予表扬和鼓励，希望孩子能坚持下去。长此以往。孩子正确的行为得到巩固，错误的行为会逐渐消除。

5. 利用"不予理睬"的方式

即面对任性的孩子，只说一句警告的话，然后通过以下的几个步骤纠正他。

（1）面对孩子的种种理由与各种胡闹行为，采取不解释、不劝说、不争吵、不理睬的办法，不要在孩子面前表露出心疼、怜悯或迁就，更不能和他讨价还价的办法，否则就会强化他的争吵、胡闹行为，使他的目的得逞。可以先保持一段时间的沉默，做你正在做的事。

（2）如果孩子进一步胡闹，且使你难以忍受时，可以暂时离开现场。这时仍然保持不批评、不与之讲道理、不打、不骂的态度。

（3）等孩子情绪稳定后，告诉他："你刚才胡闹是不对的，现在你情绪稳定了，你可以做你自己的事去了！以后你再这样，我们仍然不会理你。"然后简单而认真地说明这件事不能做的原因，并对他说"相信你以后会听话的"之类的话来鼓励他。

6. 明确要求法

对孩子要有明确的要求，让孩子知道"要这样做""不要那样做"，通过外界的要求来促进自控，如"不要乱发脾气""不要大吵大闹"，对孩子的坏脾气绝不能迁就。

同时，父母也要让孩子知道"为什么要这样做"，让孩子逐渐形成评价自己行为和情绪的能力，掌握相应的规则。有的父母总觉得和孩子讲道理是白费力气，不如直接命令，其实真正的自控恰恰来自孩子的理解。

父母既不能无原则地迁就孩子，也不能放弃耐心说服，坚持这样做，孩子就会掌握一套评价自己行为的规则，达到真正的自控。

7. 与孩子心平气和地交流

年幼的孩子总会因缺乏自控能力做出一些"出格"的事情，这时作为一个成年人一定要稳定情绪。父母要用最有效的方法让孩子心服口服，切不可意气用事，冲孩子大发脾气。如果孩子不能及时认错，那父母就要反思是不是处理方法有误，事实上，只要父母能够平心静气地和孩子交流，便能解决很多问题。孩子的一些坏习惯会在父母真诚的建议下逐渐改掉。培养孩子的自控能力是一个长期的过程，孩子的行为有可能出现反复，这就需要父母有足够的耐心和自制力。

8. 少责备，多赞扬

孩子暴躁发脾气时，不要过多责难，更不应实行体罚。那样做的效果只会适得其反。父母应更多地关注孩子平和的行为，并就这些行为加以赞扬，投去赞许的笑容，让孩子在不知不觉中培养平和的个性。千万不能让孩子时时提心吊胆，总是担心自己又做出激烈的让父母讨厌的行为。孩子越是提心吊胆，就越容易出格，越容易发脾气。

另外，孩子发脾气不但于事无补，而且还会越闹越僵，直到一发不可收拾。当孩子发脾气时，不妨让他换位思考一下，如果别人对他发脾气，他的心里会是什么感觉。让孩子想想发脾气的后果，学会"三思而后行"，这样他的脾气就会慢慢平息下来。

9. 提前预防

孩子情绪失控往往发生在需要得不到满足的时候。一方面需求逐渐增多，另一方面他们还不知如何正确表达自己的要求，一旦需要不能满足时，就通过发火或痛哭来表达自己的要求，这时，父母可以针对有可能导致幼儿情绪失控的环境，提前做好预防。如带孩子到商店去以前，要估计到孩子要求买玩具而哭闹，父母事先要和孩子讲好条件，只许看，不许买，不听话就不带你去。如果孩子表现好，答应他回家后给予糖果以示奖励。提前预防能增强孩子的"心理免疫力"，提高孩子的情绪自控能力。

教冲动的孩子学会自控

《青少年法律知识读本》曾刊登过这么一篇文章：一个常常登台领奖的小学生竟成了杀人犯，就是因为他的一时冲动——

杨明是个小学六年级的学生，他的学习成绩顶呱呱，老师和家长都表扬他，以至杨明养成了骄傲自满，不可一世的个性。稍有不称心的事，就骄横无理，一触即跳。

在一次文艺演出时，拿着表演用的大刀的李东不小心把杨明最爱穿的阿迪达斯衣服划破了，两人发生了争执。杨明被愤怒冲昏了头脑，抄起旁边的铁棍将李东打得头破血流，倒地不起。最后，杨明受到法律的严惩。

培根曾经说："冲动就像地雷，碰到任何东西都一同毁灭。"故事中的小杨明就是因为一时的冲动，害了别人，也毁了自己一生！这样的代价似乎过于惨痛了点。

生活中，像小杨明这样喜欢冲动的孩子有很多，在他们冲动时，总是很难控制自己的情绪，因而失去理智，做出让我们十分失望的事。孩子偶尔冲动在所难免，如果经常出现冲动逆反的情况，其危害就不容忽视了：

首先，冲动不利于身心健康

人在冲动、发怒时，体内的各个脏器与组织极度兴奋，会消耗体液中的大量氧气造成大脑缺氧，为了补充大脑所需要的氧气，大量的血液涌向大脑，使脑血管的压力激增。在大脑缺氧以及脑血管压力剧增的情形下，人的思维会变得简单粗暴。此外，人在冲动、发怒时，精神心理会过度紧张，造成心脏、胃肠以及内分泌系统功能的失常，时间长了，必然要引起多种疾病，对身心健康大为不利。

其次，冲动影响人际关系

冲动的人往往脾气比较暴躁，与其他人交往容易产生矛盾。而引起矛盾的诱因多数是因为一些小事，话不投机半句多，轻者发生争吵，重者拳头相向。在一个集体里面，你必须和周围的人进行接触，如果你因为冲动和别人闹得不愉快，势必影响一个集体的团结。大家在一个环境里生活，都希望有一个和睦相处的氛围，更希望得到周围人的尊重和理解。而性格冲动的人往往认为以声压人，以拳服人，就能建立自己的威望。其实刚好相反，如果你性格很冲动，动不动就跟周围的人过不去，别人自然会厌烦你，对你敬而远之，长此以往，不仅得不到周围人的尊敬和理解，还会失去真正的朋友和友谊，以致感到孤独和寂寞。无论是在公司还是在一个团队里，只有加强性格修养，才能得到别人的尊重和理解，才能建立良好的人际关系。

再则，冲动的人难以获得进步

每个人都长期生活在一个团队里，都想在这个集体里获得进步，取得好成绩。但如果孩子的性格过于冲动，就很难获得进步。

一方面，冲动的孩子容易受挫折。有的孩子在平时的学习、生活中都表现不错，就是爱冲动，他们脾气比较暴躁，经常和周围的人争吵，甚至打架……这样的孩子轻则受批评，重则挨处分，挨了处分，个人的成长进步自然受到影响，即使不到挨处分的程度，经常受批评，也会影响到自己的学习情绪。

另一方面，性格冲动的孩子很难得到老师喜欢，长大以后更难得到领导的认可。每个集体都有严格的纪律，性格冲动的孩子往往没有办法忍受纪律的约束，受到批评或者委屈时，会变得冲动，喜欢跟老师或者领导斗嘴，次数多了，必定引起反感，这对孩子的发展是不利的。

最后，冲动的孩子容易走向犯罪的道路

在所有导致严重后果的冲动中，对社会、对自己危害最大的莫如"激情矛盾"。在谷歌中以"激情杀人"为关键字搜索文章，有1930000篇相关条目大都为因冲动而动手的。比如，有因为雇员受到侮辱而操刀的，有因为言辞冲突而动铁棍的。这样的例子真是数不胜数。小杨明就是这样一个例子，无数痛苦的事实与血淋淋的教训，一再告诫我们家长：一定要改变孩子性格冲动这个弱点，否则就会成为魔鬼的代言人。

一般来说，孩子容易冲动的因素主要有两大方面，既有生理因素，中 社会因素。

生 因素是指孩子中枢神经系统的发育不够完善，特别是
皮层兴奋和抑制过程还很不平衡。因此，一旦他们遇到紧
刺激，就会非常激动而不能自控。比如，三四岁的孩子，神
经系统的兴奋过程和抑制过程虽然都有发展，但兴奋过程仍占
优势，所以这个年龄的孩子在行为上容易产生兴奋，不能约束
自己，从而发生冲动行为。

社会因素首先往往是因为家长对孩子百依百顺，使他的冲
动行为得以强化。其次，就是家长过分地"保护"和限制孩
子。比如，不允许孩子与小伙伴在一起玩等，时间长了，孩子
会很封闭，缺乏集体合作的体验，于是就形成了"以我为中
心"的思想，一旦有什么不满就会表现冲动。此外，环境的
不良刺激，如家庭气氛的紧张，家长对待孩子教育的不一致，
缺乏双亲配合的爱以及遇有疾病或外伤的打击等都会导致孩子
的兴奋而产生逆反和冲动。

除了生理因素和社会因素之外，还有孩子自身的因素。孩
子的情感是不稳定的，好冲动，遇到喜欢的事就愉快，遇到厌
恶的事就不高兴，他们不能有意识地控制和调节自己的情感，
如几分钟前还在大哭大闹，几分钟后就"雨过天晴"，笑声朗
朗了。

当孩子因冲动而失去理智时，很多家长可能会手足无措，
不知道该如何是好。专家建议，对待爱冲动的孩子，家长不妨
试用以下几种方式：

1. 让孩子合理地宣泄

自控并不等于压抑，真正的自控是建立在合理宣泄的基础

上的。孩子受了委屈，伤心地痛哭，有的父母就说："好孩子要坚强，不许哭。"孩子受到了老师表扬，得意地对父母笑，父母又说："好孩子不要骄傲，多想想你的缺点。"这样的孩子很可怜，他们的情绪似乎被父母"剥夺"了，这种压抑并不是自控，情绪的自控来自合理的宣泄。

家长应该告诉孩子，只要不伤害自己，不伤害别人，不破坏东西，如哭泣、运动、诉说、在纸上乱画一阵、大声唱歌等，都是合理的宣泄方法。

在孩子情绪很激动的时候，不要急着和他讲道理，也不要粗暴地控制，先要提供合理的宣泄渠道，引导孩子把不良的情绪宣泄出来。

在上海市闸北区安庆幼儿园一项关于"幼儿宣泄渠道"的研究中，幼儿园在活动室的附近设立了"宣泄室"。宣泄室中有自制的发泄袋、海绵玩具、发泄球、废报纸、毛绒玩具、涂鸦墙（墙面用报纸贴满）、蜡笔等，供孩子选择。"发泄球"和"涂鸦墙"是孩子选择最多和操作时间最长的发泄工具，经过这两种活动后，孩子进行安静游戏的时间也最长。家长也可以借鉴一下，在家里，辟一个角落做成"涂鸦墙"，当孩子情绪不好的时候，让他在上面任意涂抹。等孩子情绪稳定下来之后，再对他进行教育。

2. 以身作则，言传身教

家长应以身作则，做到言传身教，给孩子树立良好的榜样。比如，家长应善于调控自己的举止行为，坚持正面教育的原则，改掉那种动辄打骂的教育方法。

3. 耐心引导

如果孩子出于好奇心产生冲动，把东西搞坏了，家长不要打骂孩子，而应耐心地引导他，给他讲清楚东西损坏了是很可惜的，要求他以后做事要细心、认真，并启发和帮助他对感兴趣的事情进行探索。

4. 转移孩子的注意力

比如，两个孩子正为争一个玩具而哭泣时，你可以用另一种游戏转移孩子的注意力。当孩子融入另一种游戏的快乐中，就会破涕为笑。

5. 告诉孩子遇事三思而后行

家长应教给孩子，在做出行动之前要多沉思，耐心地从多角度考虑，多问几个为什么，不要急着行动。

6. 教孩子学会忍耐

一个人情绪容易失控，主要是"忍"字功做得不到家。所以修炼忍耐功夫是自控的有效措施。当孩子情绪激动的时候，告诉他一些可以控制情绪的方法，比如，可以在心中默数"一、二、三……"再问问自己是否真的值得爆发，也可以通过掐自己的"虎口"穴位以制怒。

7. 父母的管教方式要一致

面对孩子冲动时，父母一个唱白脸一个唱红脸是很不好的，这会让辨别力不强的孩子陷入迷茫，因此，父母对孩子的管教一定要一致。同时，在对孩子的爱中还应提出要求，使孩子懂得为所欲为的做法是绝对不允许的。同时父母要有修养，不急躁、不愤怒，要用冷静理智的态度来对待孩子。

8. 教给孩子心情平静法

家长应教给孩子，当血液又开始涌向四肢时，可以选用以下的方法来平静心情：

（1）深呼吸，直至冷静下来。慢慢地、深深地吸气，让气充满整个肺部。把一只手放在腹部，确保你的呼吸方法正确。

（2）自言自语。鼓励孩子用积极的自我暗示来控制自己的情绪和行为。例如，让孩子在愤怒时默数"1、2、3……"或默念"我不发火，我能管住自己"，从而避免冲动行为。

（3）采用水疗法。让孩子洗个热水盆浴，可能会让他的怒气和焦虑随浴液的泡沫一起消失。

（4）延迟满足法。

当孩子为自己的需要得不到满足而烦恼时，你可以有意识地引导孩子产生积极的思维："这一切都是暂时的，自己的需要过一会儿就会获得满足的。"

此外，家长还可以让孩子尝试美国心理学家唐纳·艾登的方法：想着不愉快的事，同时把指尖放在眉毛上方的额头上，大拇指按着太阳穴，深吸气。据艾登说，这样做只要几分钟，血液就会重回大脑皮层，人就能更冷静地思考了。

总之，家长只有认真对待孩子的冲动，才能避免他们因冲动而失去理智，惹出祸端。父母可营造安静平和的家庭气氛，减少或杜绝一些暴力刺激的来源，使孩子在平和安静的气氛中静心进行阅读或手工制作类的活动，从而减少发生冲动行为的可能性。

帮助孩子积极应对"恐惧"

每个人都有他（她）所惧怕的事情或情景，而且不少事物或情景是很多人普遍惧怕的，如怕雷电、怕火灾、怕地震、怕生病、怕高考、怕失恋等。但是，在现实生活中，我们可以看到有许多孩子的恐惧心理异于正常人，如一般人不怕的事物或情景，他（她）怕；一般人稍微害怕的，他（她）特别怕。有些女生就是因为这种异于常人的恐惧而断送了自己的前程。这种无缘无故的，与事物或情景极不相称、极不合理的异常心理状态，就是恐惧心理。这种不健康的恐惧心理将可能影响孩子一生，因此，家长应正确引导，帮孩子走出胆怯的阴影。只有这样，才能使孩子避免错失发展机会。

当你的孩子经常在很多事情上表现出畏惧、退缩，不愿主动去尝试，不能表达自己的想法和观点时，家长不必因此不知所措，更不需要给孩子贴上胆怯的"标签"。这时家长唯一能做的就是帮助孩子逐渐摆脱胆怯、恐惧的困境。具体可参考如下建议：

1. 教孩子战胜恐惧感

印度有一则故事：

一位懦夫极想使自己变得勇敢，就报名参加了"杀兽"学校。这所学校专门培养人的能力和胆量，使人敢于拿起剑去杀死吞食少女的怪兽。校长是印度有名的魔术师莫林。莫林对懦夫说："你不必担心，我给你一支魔剑，此剑魔力无边，可以对付任何一种凶恶的怪兽。事实上，校长给懦夫的只是一把普通剑。在培训中，懦夫以"魔剑"壮胆，杀死了不少模拟的怪兽。结业考试时，懦夫将面临吞食少女的真怪兽。不料冲到山洞口，怪兽伸出头露出狰狞面目时，懦夫却发现自己拿错了剑，"魔剑"丢在了教室里。这时懦夫想后退已不可能，他硬着头皮用他受过训练的手臂挥动那把普通的剑，结果居然杀死了怪兽。莫林校长会心地笑了，他说："我想你现在已经知道了，没有一支剑是魔剑，唯一的魔术在于相信你自己。"

这个故事告诉我们，要战胜恐惧，唯一可做的就是战胜自己，因此，家长要抓住一切可能锻炼孩子胆量的机会，循序渐进，以达到锻炼孩子胆量的目的。

2. 情感上多关怀，多搂抱爱抚

父母甜蜜温馨的搂抱、爱抚，不仅可以增加亲子情谊，而且可以在一定程度上消除恐惧的心理。父母应该付出更多的耐心和时间来陪伴孩子，日常生活中要关心孩子思想感情的变化、恐惧持续的时间，以最确实的行动，了解孩子、支持孩子。

3. 引导孩子学会转移注意力，以战胜恐惧

这就要求家长鼓励孩子把注意力从恐惧的对象上转移到其他方面，以减轻或消除内心的恐惧。例如，要消除在众人面前不敢讲话的恐惧心理，除了多实践多锻炼外，每次讲话时把自己的注意力从听众的目光转移到讲话的内容上，再配合"怕什么！"等积极的心理暗示，孩子的心情会因此变得比较镇

静，说话也比较轻松自如。

4. 赞赏孩子勇敢的表现

消除孩子恐惧心理的关键是要赞赏孩子好的表现。当孩子去欢迎曾经害怕的小兔子时，大人要及时地鼓励孩子的勇敢。家长坐在公园长椅上休息时，可以鼓励孩子去找周围的小朋友一块玩；孩子回来后，要紧紧地拥抱孩子，让孩子明白你很高兴他这样做。看着爸爸妈妈的微笑，孩子会对自己的行为充满自信，在不知不觉中消除对陌生事物的恐惧心理。

5. 不要强迫孩子否认令他们感到害怕的事物及掩盖他们的恐惧感

心理学家认为只有当孩子感到你承认他们害怕的东西是客观存在的时候，他才会相信你对解除他的害怕所做的解释，才能更好地释放自身的恐惧感，战胜恐惧。在这一点上，家长须做到：

（1）理解孩子的恐惧

当孩子内心恐惧、焦虑时，家长正确的做法是，用理解与接纳的态度倾听孩子的恐惧，让他首先感到安心，觉得其实恐惧只是人诸多情绪中的一种，是很正常的现象，是每个人都需要面对的，你完全理解他的恐惧，也同情他的遭遇。比如，有宝宝害怕小动物，妈妈千万不要说："有什么可怕的呀？那小猫小狗又不会咬你，况且它比你小那么多，你看马路上的人有几个被它咬到的？你还怕什么？"聪明的家长往往会采取这样的说法："我知道你很害怕小猫小狗，妈妈也曾经这样害怕过。所以，让妈妈陪你一起走过去好不好？""哦，你还是害怕对不对？那妈妈抱你过去好了。你看，它根本就不会咬我们，你看它在妈妈的脚边多乖!"当孩子从妈妈的举动中发现小狗其实没有什么可怕的时候，以后就不会为相应的事情恐惧了。

（2）做孩子恐惧的倾听者

精神治疗师罗伯特·达施说："父母对孩子恐惧的最大帮助是，听听他说明自己为何恐惧。"比如说，一位怕狗的小孩在对父亲说完自己为何怕狗后，父亲居然说："狗有什么好怕的?"把孩子的恐惧当成"无稽之谈"，才是一种伤害，因为他们很容易从不了解中扩大误解。

为了帮助感到恐惧的孩子，你唯一能做的最重要的事，就是做一个好听众，全神贯注地倾听孩子所说的一切，而不是去想自己该作何反应，说些什么，或者做些什么。既要注意他说的话，也要同时注意非语言沟通，如面部表情、身体的移动、姿势和眼神的接触。

只有等到孩子明确地表示已经说完他想说的，你才能加以评论，即使在谈话中出现较长的停顿，也要这样做。

（3）让孩子大声说出自己担心的事情

让孩子把心里想的事情说出来，不仅可以了解他们的所思所想，而且研究显示，倾诉本身也有助于缓解压力和紧张。有些时候，是孩子不知道该如何表达，也有些时候，是父母忽略了孩子的表达方式。当孩子说"我害怕""妈妈，我发愁……"的时候，他们的内心一定经历了一番挣扎，并且是鼓起了莫大的勇气。父母此时应该耐心地鼓励他们进一步说出自己的想法，比如，可以说："嗯，妈妈以前也有过你这种感觉，你能具体说说吗?"或者："我很愿意分享你的烦恼。"这个时候父母的忌语为："有什么可怕的?""别人都不怕,你怕什么?""小孩子也知道什么叫发愁?"

总而言之,家长可以从多方面培养孩子的健康心理,使孩子逐步战胜自身的恐惧感。此外,在让孩子具备勇敢性格的过程中,家长要树立榜样作用,经常与孩子进行沟通,了解他的真实想法,锻炼孩子的独立性。不需要太久,你会发现孩子越来越勇敢了。

让孩子放松自己,排除干扰

孩子的情绪总是很容易受到干扰的。有时候,一个人要排除的不是环境的干扰,而是内心的干扰。环境可能很安静,如在课堂上,周围的孩子都坐得很好,但是,如果孩子自己内心有一种骚动,有一种干扰自己的情绪活动,有一种与学习不相关的兴奋,那么,他就不可能专心听讲。

对各种各样的情绪活动,每个孩子要慢慢学会将它们放下来,予以排除。有的时候,并不是周围的人在骚扰,而是自己心头有各种各样浮光掠影的东西。要去除它们,这种抗干扰的能力是要训练的。

父母可以通过下面的放松训练来帮助孩子排除内心的压力和干扰:

1. 全身放松法

让孩子舒适地坐在椅子上或躺在床上,然后向身体的各部位传递休息的信息。

先从左脚开始，使脚部肌肉绷紧，然后松弛，同时暗示它休息，随后命令脖子、小腿、膝盖、大腿，一直到躯干部都休息。

之后，再从脚到躯干。

然后，从左、右手放松到躯干。

接着，再从躯干开始到颈部、头部、脸部全部放松。

最后，将内心各种情绪的干扰随同这个身体的放松都放到一边。

这种放松训练的技术，需要反复练习才能较好地掌握，而一旦孩子掌握了这种技术，他们就能在短短的几分钟内，释放压力，达到轻松、平静的状态。

2. 听音乐轻松法

工作时或在家中听一些能使你放松的音乐，这有助于你保持一种积极的、富有成效的心理状态。拿破仑·希尔的一些朋友在他们的办公室里放了一台收音机，调至他们所喜爱的电台，把音量放得很小。他们发现这么做使他们感到放松，工作有效率，并增进了他们的工作乐趣。

3. 想象放松法

想象法主要是通过对一些广阔、宁静、舒缓的画面或场景的想象达到放松身心的目的。这些画面和场景可以是大海，或躺在小舟里在平静的湖面上漂荡，等等。

4. 调息放松法

一种最简单但可能颇为有效的方法就是控制呼吸，通过深呼吸缓解焦虑。

具体的做法为：保持坐姿，身体向后靠并挺直，松开束腰的皮带或衣物，将双掌轻轻放在肚脐上，要求五指并拢，掌心向下。把肺想象成一个气球，先用鼻子慢慢地吸足一口气，直到感觉气球已经全部胀起，并保持这个状态两秒钟。再慢慢、轻轻地吐气，观察自己的手向靠近身体的方向移动。连续做10分钟甚至更长时间。

5. 肌肉放松法

肌肉放松法也是最常用的专业放松方法。头部放松用力皱紧眉头，保持10秒钟，然后放松；用力闭紧双眼，保持10秒钟，然后放松；皱起鼻子和脸颊部肌肉，保持10秒钟，然后放松；用舌头抵住上腭，使舌头前部紧张，保持10秒钟后放松。

颈部肌肉放松将头用力下弯，努力使下巴抵达胸部，保持10秒钟，然后放松。

肩部肌肉放松将双臂平放体侧，尽量提升双肩向上，保持10秒钟，然后放松。

所谓放松是指努力体会肌肉结束紧张后的舒适、松弛的感觉，如热、酸、软等感觉。每次可用15至20秒钟的时间来体会放松感。

6. 呼吸练习

10岁以上的儿童做些呼吸练习。

（1）交替呼吸。

让孩子用右手大拇指轻轻堵住右鼻孔，用左鼻孔慢慢地吸气。同时数1、2，然后用中指轻轻地堵住左鼻孔，大拇指放开，用右鼻孔呼气。一边数1、2、3，一边呼出刚才吸入的空气。反过来，用右鼻孔吸气，用左鼻孔呼气。反复做几次。

（2）均匀和谐的呼吸。

进行了一段时间的呼吸训练后，孩子吸气时说"吸"，呼气时说"呼"。练习方式如下：

吸气——1，2，3，4；

呼气——1，2，3，4。

让孩子试试能否计数呼吸。

这种方式适合于四年级以下的学生练习。对于五、六年级的小学生可用下列方式；

吸气——1，2；

屏气——1，2，3，4；

呼气——1，2。

这种呼吸练习可以每天做几分钟的旋律进行练习。

或许家长也感到自己很忙很累，总被生活的压力压得喘不过气来，哪有时间引导孩子放松。实际上，家长忙乱的感觉也会影响到孩子，而且孩子的许多压力就是由家长制造出来的，所以，要想让孩子放松身心，家长也要想办法让自己放松。唯有家长自己学会了放松，才能够给孩子创造一个轻松的环境。为了让孩子与自己都能轻松地感受生活，家长不妨给自己安排出一个安静的时间，坐下来和孩子谈谈心，讨论一下这几天过得怎么样，有什么感觉。或者晚饭后和孩子一起出去散步，这既放松了自己，自然也减轻了孩子的压力。

另外，父母可以在家中养一些小鸟、小狗、小猫、小兔子、小乌龟等小动物，让孩子熟悉动物的习性后，帮助父母照顾这些小动物，一方面可以培养孩子爱护、照顾动物的责任感，另一方面也可使孩子的身心得到放松。

　　此外，家长还可以在家中养一些植物或盆景。孩子对植物都有好奇心，也有兴趣观察它们。父母通过给家中的植物或盆景浇水、摘除败叶、施肥等活动让孩子认识植物，在辨认植物的颜色、香味、叶片形状的过程中，使孩子心情愉悦，身心放松。

第七章　帮助孩子克服性格弱点

好性格，成就孩子好人缘

记得有位哲人说过："一个人的命运就在他的性格中，一个人在他的一生中是否能够有所作为、是否幸福，起决定性作用的还是他的性格。"

美国前总统——尼克松也说："对一个人来说，真正重要不是他的背景、他的肤色、他的种族或是他的宗教信仰，而是他的性格。"

投资银行一代宗师 JP. 摩根更是用他自身的实例证实了性格对于个人的成功与发展的重要意义。他说："资本比资金重要，但最重要的还是性格。"事实也是如此，翻开摩根的奋斗史，我们会发现，无论他慧眼识中无名小卒的建议大搞钢铁托拉斯计划，还是力排众议，甚至冒着生命危险推行全国铁路联合，都是由于他倔强和敢于创新的性格。排除这一条，恐怕有再多的资本也无法开创投资银行这一伟大开创性的事业。

性格真的可以主宰一个人的命运吗？让我们来看看美国著名的心理学家特尔曼做的这个实验：

20世纪初，特尔曼和助手在25万儿童中挑选了1528个智力较高的孩子，测定这些孩子的智商和品质，一一记录在案。然后对这些孩子进行长期的观察和跟踪研究。他想证实，是不是聪明的孩子都能在今后的人生中取得卓越的成就。

几十年过去了，特尔曼发现当初挑选的这1528个人中，有大多数的人在事业上取得了不同程度的成功，但也有一些人穷困潦倒、一事无成，更有一些人成了流浪汉甚至罪犯……

特尔曼百思不知其解：为什么同是聪明的孩子，几十年后竟产生如此之大的区别呢？

经过进一步的调查研究，特尔曼了解到，排除机遇等社会因素外，这些失败者有着共同的特点，也就是他们都具有某些不良的性格品质。如有的意志薄弱，有的骄傲自满，有的孤僻不善处理人际关系，还有的缺乏进取精神……毫无疑问，正是这些无形的杀手，极大地损害了这些"聪明人"的前途，影响了他们的人生。而要想获得成功的人生，只有非完善自己的性格才能够做到。

放眼当今政坛或商界的风云人物，无一不拥有与人为善、温和、勇于进取、百折不挠、坚毅顽强的性格。我们无法想象，奥巴马如果没有坚毅顽强的性格，他如何能够战胜麦凯恩登上总统的宝座；李嘉诚如果没有温和、吃苦耐劳、自强不息的性格，他何以能够叱咤商场，成为商业街仰慕、员工乐于追随的对象……

对于孩子来说，性格是他们成就一切努力的基础。良好的性格，不仅能给孩子带来自信与融洽的人际关系，更能够引领孩子无论是在顺境还是逆境，都能坦然积极地面对，并且不懈努力，取得成功；不良的性格只会让孩子走弯路，受尽挫折，甚至在关键时刻毁掉一个人的一生，造成悲剧性的结局。

现实生活中，就有这么一个故事——

有两个男孩，他们有着同样的社会背景和家庭环境，有着同样的聪明与才智。上学以后，他们也都不可避免地在生活和学习中经历各种挫折与失败。每当在学习中遇到困难、学习成绩不理想或者遭遇老师的误解时，第一个孩子总会尝试着静下心来，寻找症结，找到解决问题的方法；而第二个孩子恰恰相反，他会逃避失败，抑或狠狠地诅咒老师，认为是老师的不公平造成他成绩的不理想。

积极与消极的性格特质也给这两个看似相同的孩子带来不同的命运。

一次，发生了地震，两个孩子都被埋在废墟下。他们周围没有人，没有食物，只能等外面的救援。第一个孩子表现得很冷静，他尽量减少活动，保持体力和足够的氧气，然后用砖头不断地敲击楼板，发出求援的信号；而第二个孩子当时就吓蒙了，他绝望地哭了起来。等救援队找到他们时，第一个孩子还顽强地活着，第二个孩子却已经离开了这个世界。

事实上，这样的例子并不鲜见。性格决定行为，而行为则成就人生。因此，要想让孩子拥有一个精彩的人生、获得一份幸福、美满的生活，家长应该从小帮助孩子克服自身的性格弱点，发挥性格中的优势，运用性格的力量，改变孩子的人生。

伟大的思想家罗曼·罗兰曾说："没有伟大的品格，就没有伟大的人，甚至没有伟大的艺术家，伟大的行动者。"这句话揭示了，成功者之所以能够取得成功，和他的优秀性格是分不开的。

那么，成功者一般都拥有哪些优秀性格？什么样的性格才算是优秀的呢？

美国心理学家高夫运用加利福尼亚调查表（简称 CPI）研究了十八种性格因素与中学生学业成就的相关性。结果发现，支配性、上进心、责任心、社会化、宽容性、遵循成就、独立成就和智能效率八种由 CPI 测量的性格特征与中学生的学业成就之间存在着高相关。阿·皮·金迪鲁对具有创造性的科学家进行过一次书面调查，他发现这些科学家和一般人相比，在性格上具有明显不同的特征。具体地说，这些人的独立倾向性一般都强，他们的智力高，有强烈的自我意识；具有支配意识、持有决断力；敏锐、有幻想力；有自制力。此外，他们还善于自省和深思……正是这些优秀的性格，成就了他们的非凡。

一个拥有良好性格的孩子能在人群里做到谈笑自如，幽默得体，赢得他人的喜欢。他们也能在困境面前百折不挠，毫不妥协。这样的孩子，不但能够迅速走进他们的心灵，为自己赢得更多的友谊与喝彩，更能用自身的人格魅力打动别人，这样才能保证自己立于不败之地。

让孩子养成快乐的性格

快乐既是一种心情，也是一种性格。快乐的心情有起有伏，而快乐的性格比较稳定。要让孩子从小养成快乐的性格，我们可以从下面几个方面努力：

1. 给孩子一个快乐的家庭

家庭的气氛、家庭成员之间的关系在很大程度上会影响孩子性格的形成。研究表明，孩子在咿呀学语之前，就能感觉到周围的情绪和氛围，尽管当时他还不能用语言来表达。家庭和睦是培养孩子快乐性格的一个主要因素，而一个充满了敌意甚至暴力的家庭，是绝对不可能培养出快乐的孩子的。

因此，父母认为怎样做能令人快乐，就应该身体力行去做，而且要向孩子解释为什么他们感到快乐。专家说："缅怀以前快乐的日子并清楚地提出追求快乐是你的人生目标，是很重要的。"平时家长应该让孩子明白，令人快乐的事情总是永久的、普遍的，一旦有不愉快的事情发生，那也只是暂时的，不具普遍性，只要乐观地对待，生活仍然是美好的。

2. 教会孩子与他人融洽相处

父母应该让孩子懂得，与人和睦相处、与人关系融洽是快乐的一个重要条件。父母不能完全支配孩子的社交生活，但却可以引导他们如何与人相处。父母可以尽量安排孩子常与别的孩子一起玩，如参加同龄儿童的游戏活动，或带孩子到游乐场跟小朋友玩耍，要是能随时欢迎孩子的朋友到家里来玩那就更好了。父母还应该帮助孩子培养设身处地为他人着想的态度。有时候，跟孩子谈谈家里的人和事，谈谈故事或电视节目中的人物可能会有的感受，是一个不错的办法。此外，父母自己应与他人相处融洽，做到热情待客，真诚待人，不势利，不卑下，不在背后议论他人，给孩子树立一个好榜样。

3. 密切同孩子之间的感情

在快乐性格的培养中，与孩子建立"友谊"起着十分重要作用。此外，还要让孩子经常同其他小朋友一起玩耍，让他在愉快的外部环境中接受愉快熏陶。

4. 培养孩子的广泛兴趣

如果快乐只建立在一样东西上，那么快乐的基础就不稳固了。其实，快乐的人能从很多方面得到快乐。如某个孩子可能因为错过了他喜欢看的电视节目而整晚都不开心；但另一个兴趣广泛的孩子，他就会改为看书或做游戏，同样自得其乐。因此，父母平时应注意孩子的爱好，为孩子提供各种兴趣的选择，并给予必要的引导。孩子的业余爱好广泛，自然容易拥有快乐的性格。

5. 帮助孩子调整心态

父母应该使孩子明白，有的人之所以一生快乐，并不是他们一帆风顺，他们也有情绪低落的时候，但是他们有很强的适应能力，有比较好的心理状态，能够很快从失望中振作起来。孩子遇到挫折的时候，父母应该为孩子指出其中的光明之处，并引导孩子调整心理状态。在这个过程中，孩子就会得到快乐，心情也就可以得到安宁了。

6. 给孩子比较充分的决策权

快乐性格的养成与指导和控制孩子的生活有着密切的联系。父母要设法给孩子提供机会，使孩子从小就知道怎样使用自己的决策权。可现实生活中，孩子在家庭里，对一切事情都没有做主的份儿，小到晚餐吃什么，该看什么电视节目，大到家里要添置什么东西，是否到少年宫参加培训班，一切都是家长说了算，因而他们的童年可能并不像成人所想的那样愉快。

其实，父母让孩子们自由地做一些选择，是培养他们形成快乐性格的一个重要因素。如听任 2 岁的孩子吃西红柿而不吃黄瓜，或让 6 岁的孩子从父母准许他看的电视节目中挑一个来看。随着孩子的长大，他就会自己决定更重要的事情，也就会更开心。

7. 家长要多和孩子做游戏

现在家里一般都是一个孩子，所以做父母的就要参与进来，经常与孩子在一起玩耍，让孩子知道游戏是大家在一起玩才有意思。我见过有的父母在孩子面前非常严厉，也不愿意与孩子在一起疯闹，虽然表面上威严了，但在孩子的心里也拉远了与他的距离。如果家长能够融入孩子的游戏当中，不但有助于孩子快乐性格的形成，还能让孩子乐于接近自己，更有利于孩子的健康成长。

8. 家长应放开了让孩子去玩，尽情地让他快乐

很多家长怕孩子的手弄脏了，这个也不让摸，那个也不让摸，孩子的天性就是喜欢接触新鲜的东西，喜欢玩土，喜欢玩沙子。如果什么都不让他动，甚至手摸脏了还要跟他发一顿脾气，那他还有快乐吗？细菌和快乐哪个更重要呢？所以小孩有

时乱发脾气是有原因的，不让他玩，他就会蛮不讲理。因为怕脏而不让玩是最没道理的了，手脏了可以再洗，性格养成了就不容易再改了。

9. 让孩子学会倾吐和交流，保持快乐的心情

家长应教导孩子学会坦诚地接纳自己，高矮胖瘦都是上天的赐予，要坦率地面对现实，采用认真的态度和切实的方法，最后要勇敢地原谅自己的一些过失。

总之，做父母的在养育孩子的过程中有着让孩子快乐的责任，有快乐就会少生病，长大了也会积极向上地去处理问题。顺着孩子的性格发展，而不是放任他，与其让他学习他不喜欢的东西，还不如先教会他如何找到快乐，一个快乐的孩子比一个什么都会的孩子将更有前途。

溺爱是一件糟糕的礼物

这是石家庄市一件真实的事情：

奶奶六十大寿，被家人一贯娇宠的孙子非要先吃一块生日蛋糕，当父亲不允时，儿子犯横道："不让我先吃，你们也都甭想吃！"一巴掌把生日蛋糕反扣在地。

奶奶哭道："我爱了你12年，你爱我一天也不行吗？"

为什么这个孩子如此骄横、任性、自私呢？其缘由就在于家长的过分溺爱。

有一对年轻夫妇，生活十分节俭，但对他们6岁的儿子却有求必应。

有一天，年轻的母亲带儿子外出玩耍，并为他买了一瓶近十元钱的饮料。儿子喝了几口不愿再喝了，口干舌燥的母亲刚拿起饮料送到嘴边，儿子就气冲冲地过来夺过瓶子摔到地上，并高声尖叫："这是我的，不准你喝。"看着饮料汩汩而出，年轻的母亲背过身去，泪水止不住地流了下来……

溺爱是父母给孩子的最糟糕的礼物，用这种方式培养出的孩子不会拿出一点爱心给别人，更不会与人分享。故事中的这个六岁的孩子就是这样一个范例。

生活中，对孩子过度保护、溺爱更是司空见惯：小学校门口常常簇拥着几十名家长，仅有百米的路程也要接送孩子；中年级女孩子自己不会梳头；上公共汽车，爷爷奶奶或者爸爸妈妈替孩子抢占座位；少先队决定举行10公里远足，众多家长闻讯轮番给辅导员提意见，坚决要求以车代步。有位家长坦言："除了吃饭和睡觉我不能代替，其余的我都替孩子干了。"……这些家长以为，这就是爱孩子的表现。殊不知，这样的爱，除了增长孩子的惰性，使其变得更加自私、任性以外，别无其他好处。要想孩子远离自私的毛病，家长首先要做的就是摆正自己的爱。

1. 对待孩子不要搞特殊化

在日常生活中，家长要满足孩子的合理需求，但不要对孩子搞特殊化，让孩子明白自己在家庭中的地位与其他成员是平等的，彻底消除孩子那种"唯我独尊"的思想。父母对孩子提出的要求，合理的才答应，不合理的应予以明确拒绝，并对孩子耐心地讲解道理，指出他们的不足之处，提出批评。

当然，要孩子一下子就能接受是不可能的，其间必然有一个适应的过程，因此对于孩子的哭闹，家长应有充分的心理准备，不要因为孩子的哭闹而盲目迁就或大发脾气。给孩子一个冷静空间，让他们意识到哭闹无法解决问题。

2. 让孩子与家人一起分享

家里有什么好东西，不要自己舍不得吃，舍不得用，全留给孩子，这样的做法只会让孩子养成独占意识，发展下去就会演变成自私心理。因此，家长一定要让孩子学会分享。

让孩子学会分享，就要从小做起，从小事做起。例如，孩子从小最在乎的就是食物了，如果孩子独占的话，父母就要把食物拿过来公平地分开，不能对孩子放任不管，任其独享。

3. 家长不应给孩子太多的关注

有位母亲非常疼爱她的孩子，她把自己的全部注意力都放在孩子身上："宝宝不要乱跑！""宝宝，你没摔伤吧？""宝宝，妈妈帮你把扣子扣好！"……结果这个孩子越来越任性，越来越难管。

教育学家认为如果孩子从小在家庭中处于中心地位，家长给予太多的关注，那么，这个孩子在长大以后并不能意识到自己已经是大人了，而依然会对家长表现出很强的依赖性。只考虑自己的存在，而不考虑他人的存在，只对对自己有利的事感兴趣，而对其他事根本不去关心，所以当家长遇到孩子独占、抢夺别人的东西的时候，应当反省一下自己的教育方法，给孩子太多关注是不必要的，家长应当尽量让孩子感觉自己与其他家庭成员一样都是平等的。

4. 让孩子学会给予

真心给予的礼物，无论价格高低贵贱，无论有效期是长还是短，它都是世界上最永恒、最珍贵的宝物。让孩子学会"给"，比教会他"拿"更能促进他的自尊，更能使他愉快地与人相处。

用自己的"压岁钱"买一份小礼物在"母亲节"时送给妈妈，或在奶奶过生日时，给奶奶买一份她喜欢的小礼物，这些都是孩子懂得"给予"的开始。不过，孩子买的礼物无论包装还是它的内容，无论是否贵重、实用等并不重要，重要的是孩子是真心地给予，是没有期待回报的"给予"。

5. 给孩子提供关心他人的机会

如爷爷下班回来，爸爸帮爷爷倒杯茶，就让孩子为爷爷拿拖鞋；奶奶生病了，妈妈为奶奶拿药，就让孩子为奶奶揉揉疼的地方，或者为奶奶凉凉水；自己头痛时就让他帮着按摩按摩太阳穴，日子长了，孩子会学会许多他应该做的事情。再如上街买菜时，就让孩子帮忙拿一些他能拿得动的东西，有好东西吃就让他送给家人吃，或者邻居家的孩子吃，以后孩子每碰到类似情况，就会如法炮制，慢慢就会养成关心他人的习惯。

6. 让孩子做力所能及的事

不要让孩子养成衣来伸手、饭来张口的坏习惯，只有勤快的孩子才会懂事、关心、体贴别人。一般情况下，勤快是培养出来的，所以家长要树立这种观念，并付诸行动，循序渐进地教会孩子做一些力所能及的事。

7. 不要太过偏袒自己的孩子

当孩子在交往中遇到矛盾和纠纷时，父母千万不要偏袒自己的孩子，这样做会让孩子错误地认为自己的地位是特殊的，别人都比不上自己，都要让着自己。

一个春和日丽的早晨，晓南的妈妈在楼上做家务，她10岁的儿子晓南在小区里和小伙伴们玩。

晓南的妈妈收拾了一会儿屋子，就推开窗户想看看孩子在外玩耍的情况。不料，她正好看见儿子正在和一个个头高一点的孩子吵架，而且越吵越凶，声音很高。

晓南的妈妈急忙跑下楼探看究竟。到跟前一看，才弄清楚孩子们争吵的"导火索"是"四驱车"比赛。晓南认为是自己的车子先到达终点的，可是，那个高点的男孩却说是他的"四驱车"先到达终点的，其他的小孩子也说是那个高个子男孩赢了。

晓南正在势单力孤之际，看见妈妈来了，涨得通红的小脸一下子变得惨白，委屈的泪水忍不住掉了下来，继而"哇哇"地哭了起来。

看到这种情形，晓南的妈妈有些心疼了，她劝晓南："输了就输了，改天妈妈给你买个好点的再跟他比赛。"可晓南不干。

妈妈想了想，耐心地对晓南说："你看，这么多小朋友都说是那位大哥哥赢了，如果你不服输，那就再比一比咯！"晓南又跟那个男孩子比了一下，结果他看清楚了，确实是自己的"四驱车"慢了人家一点，于是就心服口服地跟妈妈回家了。

　　这位妈妈把这个小纠纷处理得非常好，她没有不分青红皂白地偏袒自己的孩子，而是一视同仁地处理问题，这样就不会助长孩子以自我为中心的心理。

　　事实上，正确的爱从来不是逆来顺受，也并非无原则地一味去满足，而应该是温和地、适度地，如涓涓细流一般，滋润孩子的心田，滋养成孩子的一种能力，一种懂得付出的能力，只有这种爱，才能让你的孩子受益终身。

帮助孩子跨越自卑的藩篱

　　自卑是一种消极的自我评价或自我意识。一个性格自卑的孩子往往过低评价自己的形象、能力和品质，总是拿自己的弱点和别人的强处比，觉得自己事事不如别人，在人前自惭形秽，从而丧失自信，悲观失望，甚至沉沦。自卑的孩子往往胆小、怯懦、孤独、沉默，不喜欢交际，缺乏知己，活动能力差，进取心不强，更多地考虑自我，对人不够热情，经常回避群体活动，缺乏自信心。这样的孩子，一般很难在人群里脱颖而出，更难做出成绩来。

　　在我们的身边，就有这么一些性格自卑，沉默寡言的孩子。小丹红就是其中一个——

　　小丹红是个四年级的女生，因为又黑又瘦，又长了两颗大虎牙，所以常常遭到男生们的取笑。因此，小小年纪的丹红表现得比一般的同龄人沉默、内向、稳重。她总是不苟言笑，默不作声地躲在角落里看书、学习，鲜少与班上的同学打交道。因为丹红的学习成绩不错，所以，妈妈并没觉察到丹红的性格问题。

有一次，学校举行知识竞赛，一个班级选 3 名学生参赛，丹红也被选中了，可是她却说什么也不去。老师动员丹红的妈妈做小丹红的思想工作。在妈妈的再三追问下，小丹红这才吞吞吐吐地告诉妈妈："我害怕他们取笑我，而且，如果比赛输了，同学们岂不是会更看不起我吗?"

像小丹红这样因为自己的某种不足，而消极地逃避竞赛的行为就是一种自卑的表现。自卑是一种性格上的缺陷，来源于消极的自我暗示。具有自卑心理的孩子，就像小丹红那样，对自己的能力等方面的评价一般都偏低。他们常常有一种自觉低人一等的惭愧、羞怯、内疚、畏缩甚至灰心失望的情感和体验，对孩子来说，自卑是一种致命的缺陷病，它能埋没一个孩子的才能，导致孩子自暴自弃。

从心理学角度解析，"自我认定"指的是一个人对自己生理、心理特征的判断与评价，是自我意识的重要组成部分。自信的孩子往往能够正确认识自我，准确地进行"自我认定"，而自卑的孩子，对自己的评价往往过低，他们的自我肯定是脆弱的、飘摇不定的。如有的男孩子因自己身材矮小而自卑，有的女孩因自己过于肥胖而苦恼，这就是对"生理自我"的认定。他（她）们认为自己在生理方面不如别人，于是便总是怀着矮人一截的自卑心理。再如，有些女孩学习成绩差，便认为自己脑子笨。有些男孩一开口说话就脸红耳赤、结结巴巴，便感到自己表达能力差，因此陷入深深的自责与自卑之中。

因此，要想你的孩子突破自卑的阴影，家长应引导孩子认真地剖析自己，全面了解自己。了解自己的短处，更应该了解自己的优点和长处。当孩子的自我意识增强了，才能扫除对自我的偏见，树立起强大的自信心，最后取得巨大的成功。

那么，家长应如何引导孩子认定自我，树立起信心呢？正确的做法为：

1. 让孩子学会全面了解自己，正确评价自己

家长不妨引导孩子将自己的兴趣、爱好、能力和特长全部列出来，哪怕是很细微的东西也不要忽略。这时，孩子会发现自己有很多优点。当孩子认识到自己的优点与不足时，家长应对让孩子对自己的不足持理智和客观的态度，既不要自欺欺人，也不要把自己的缺点看得过于严重，而是以积极的态度应对现实，这样自卑便失去了温床。

2. 教孩子扬长避短，学会心理补偿

"尺有所短，寸有所长。"每一个人都有自己的优势和劣势，有自己的长处和缺点。如果用其所短而舍其所长，就连天才也会丧失信心，自暴自弃；反之，如果一个人能扬长避短，强化自己的长处，就是有残疾的人也能重新树立信心，享受到成功的快乐。

因此，家长要教育孩子善于发现自己的长处，并为他们提供发挥长处的机会和条件，让孩子学会理智地对待自己的不足，寻找合适的补偿目标，从中汲取前进的动力，这样，孩子就能把自卑转化为奋发图强的动力。这也是帮助孩子克服自卑心理、变得自信的关键。

3. 让孩子认识到自己的优点

要让孩子学会用积极的心理暗示来激励自己，家长就要转变孩子的思维方式，让孩子从另一个角度来发现自己的优点，让孩子产生积极的自我心理暗示，树立孩子的自尊心和自信心，为孩子以后取得成功奠定思想基础。

例如，父母可以用毛遂自荐的故事来激励孩子。战国时期平原君的门客毛遂，发现自己有善于外交的特点，便来了个千古流芳的"自荐"，这就是他自己发掘自己，看似平常却非有几分勇气不可。而孟尝君的门客冯谖的做法是弹铗而歌，自比贤人，终于得到重用，为孟尝君做出了具有战略意义的安排和布局，达到了双赢的最高境界。这都是能够发掘自我优点的经典事例。父母可以通过事例告诉孩子，千里马难寻，而伯乐更难寻，不要等待别人来发掘，要自己发掘自己。

4. 强化孩子的自我肯定

强化孩子自我肯定的方法很多，例如，家长可以为孩子专门设置一个"功劳簿"，让孩子每周至少一次写上（或画出）自己的"功劳"，并让他讲述是怎么取得这个"功劳"的。当然，所谓的"功劳"，并不一定非得是很大的成绩，任何一点进步，以及为这种进步所做的任何小小的努力，都有资格记载入册。也可为孩子准备一些小小的奖品（如画片、玩具、小人书等）。每当孩子做出了一点成绩，或一件令他感到自豪的事，他就有资格获奖。

5. 教孩子经常给自己打气

聪明的父母会经常帮助孩子总结一些积极的语言，让它成为孩子日常生活或学习中的激励语，形成孩子积极的心理暗示。比如，在考试前，父母可以给孩子在书房贴一些标语，如："我是最棒的"！"我一定能取得好成绩！"让孩子晚上睡觉前或早上起床的时候，对着镜子大声地说出来；或者当孩子生病时，父母在孩子的床头贴上字条："我的身体很健壮"！"我很快就可以痊愈了"！当孩子遇到困难踌躇畏缩时，你不妨鼓励他自己对自己鼓劲："我可是一个不怕失败的好孩子，来吧，让我再作一次努力吧"！如果孩子经常用这些积极的话语给自己打气，这些话就会进入孩子的潜意识中，成为孩子战胜困难的动力之源。

6. 适时地鼓励和赞扬能帮助孩子变得更自信

当孩子正为做一件没太大把握的事犹豫时，妈妈不妨由衷地对他说："我相信你能行的。"及时的鼓励，会使孩子信心倍增。

在肯定孩子的同时，妈妈还要允许孩子犯错误。事实上，小孩子犯错误是不可避免的。对孩子的错误，妈妈需要做的是赞扬孩子敢于尝试的勇气。让孩子从犯错误的痛苦中走出来，而不是老盯着孩子的过失不放。

"认识自我"这句镌刻在古希腊戴尔菲城那座神庙里的唯一的碑铭，犹如一把千年不熄的火炬，表达了人类与生俱来的内在要求和至高无上的思考命题。尼采曾说："聪明的人只要能认识自己，便什么也不会失去。"

可以说，孩子的平庸抑或杰出皆来自他的自我意识如何，取决于孩子是否拥有真正的自信。一个孩子只有真正认识自己，才能更好地发挥自己的潜能，变得更自信。

对于任何一个人来说，成功都能强化自己的自信心，弱化自己的自卑感，而一连串的成功则会使这个人的自信心趋于巩固。反之，如果一个人体验到的尽是失败，尝不到一点成功的回报，时间长了，势必会像那只倍受挫折的梭鱼一样，变得灰心丧气，毫无斗志。因此，家长应让孩子多体验成功，用成功感激发孩子的自信心。孩子只有体验到成功的快乐，才能激发自己的信心与上进的勇气，从而激励自己再下苦功夫去争取更大的成功。

让孩子学会与人和睦相处

在当今社会，绝大多数的孩子都是家里的独生子女，都是家长们的掌上明珠，家长或长辈对他们的要求百依百顺，导致他们养成了自私自利的性格。我们经常看几个孩子为一些小事而争吵不休，互不相让。

有时候，一个微笑，一句宽容的话语，就能化解一场矛盾，增进彼此的感情。当孩子拥有一颗宽容的心，他就能够原谅别人的过错，这对他的性格培养以及建立良好的人际关系有着非常重要的意义。如果一个孩子缺乏宽容之心，其人际关系网较差，遇事容易走向极端。

常有些孩子因为鸡毛蒜皮的事而大打出手。比如，认为别人午睡打呼噜影响到了自己休息，于是便会与对方争执，甚至会动手。其实，有些人打呼噜，确实让人难以忍受，但总有办法可以解决的，比如：大家可以坐在一起商量一下，让不打呼噜的同学先睡觉，打呼噜的同学后睡觉，这就是一个不错的解决办法。

办法总比问题多，朋友或同学之间的友谊是很可贵的，没有必要为一些小事而伤了和气。如果家长能够教育孩子，让他们学会做宽容的人，就不会因为诸多小事而鸡飞狗跳了。

孩子出生时就像一张白纸，他最终能形成什么样的性格，成为什么样的人，这都与家长后天的教育和引导有关。教育孩子时，家长想说什么，不要让孩子猜，有些道理是需要家长对孩子讲明白，如果家长不说，孩子是不会理解的。

不少家长认为，有些道理不用教孩子，孩子长大后自然会明白。其实，家长应该让孩子从小就有宽以待人的意识。因此，家长应为孩子做个好榜样，遇到矛盾冲突时能够宽容大度。孩子受到熏染，在与他人交往时，也会心胸开阔。

妈妈给小美买了一本《窗边的小豆豆》，她很喜欢这本书，就将这本书带到了学校。一下课，小美就拿出这本书，高高兴兴地翻阅起来。

不巧的是，同桌站起来时，不小心将墨水瓶碰倒了。墨水撒在了书上，把小美的书弄脏了。同桌满怀歉意地说："小美，对不起，我不是故意的!"小美却不理会他的道歉，生气地大喊大叫道："你把我的书弄脏了，你给我赔!"说完，她还把这件事告诉了老师，老师批评了小美的同桌。

放学回家后，小美将这件事告诉了妈妈，妈妈严肃地对她说："谁都有不小心犯错误的时候，如果犯错误的人是你，你同桌对你大喊大叫，让你赔，还告诉了老师，老师批评了你，你心里会舒服吗?"小美说："我会难过的。"

妈妈又接着说："你要和气、友好地对待他人，不能斤斤计较，尤其是对待同学，你更要大度、宽容，像今天这样的事，你应该原谅你的同桌，这样，你才能受到同学们的欢迎，成为一个快乐的人。"听了妈妈的话，小美渐渐理解了宽容的含义，并学着去宽以待人。

在孩子成长过程中，孩子难免会在我们面前抱怨他人，面对孩子的抱怨，有些家长选择不理会，有些家长选择敷衍了事。其实，家长应该重视孩子的抱怨，因为有时候，孩子不是真的抱怨，而是他们比较迷茫，不知道如何处理好这些关系。

这个时候，家长就要帮助和引导孩子。和同学或朋友相处时，发生了矛盾，家长适当给予孩子安慰，并帮助孩子分析整件事情。找到事件发生的起因，让孩子知道自己和对方各自的错误，并进行自我反思，这样给孩子就能宽容小伙伴的不足之处。

在这个过程中，家长要教孩子学会换位思考，去想对方为什么会这样做，这样说。同时，家长要告诉孩子，人无完人，遇到问题，没有必要求全责备，可以求同存异。

对于他人的缺点和不足，我们没有必要斤斤计较，不要凡事都要求尽善尽美、公平合理。对别人多一份宽容和理解，其实也是为自己找一份好心情。另外，家长要鼓励孩子多与同伴交往。

只有多与人交往，孩子才能发现每个人都有缺点，都会犯错。只有学会接受别人的缺点和错误，才能友好地与别人相处。通过相处，孩子才能体会到宽容的意义，获得因宽容而带来的快乐，比如：容忍别人的缺点、帮助有困难的朋友、采纳别人的合理建议等，这些都能让孩子得到友谊，使自己也能获得进步。

不过，我们教孩子宽容的同时，也要明确告诉孩子，宽容不是放弃批评，而是有一定原则的。如果是一些小事情，我们可以选择原谅。但如果违背了原则，对友谊造成较大的伤害，或者对方是有意而为之，那么，就不能一味忍让与宽容对方。

宽容是一种可贵的品质，也是一种良好的性格。当我们发现孩子对人或事存在一些偏见，甚至有自私的念头，家长要及时帮助孩子摒弃偏见，学会宽以待人。只有孩子拥有一颗宽容的心，才能拥有良好的人际关系，拥有高远的眼界，更容易获得成功。所以，如果我们真的爱孩子，请为孩子种下一颗宽容的种子，在他们的心中生根、发芽、开花、结果。

给自负傲慢的孩子泼点冷水

家长的过多的关注、过度的宠爱与骄纵不仅会让孩子从小养成任性的坏习惯，更有一些孩子因为家人的爱与关注变得骄傲自满、目中无人。这是一种反常的心理，不但予人极坏的印象，也是一种十分可悲的病态。

叶文是家里的独生子，从小就聪明伶俐，深得家长的疼爱、邻里的关注。这导致孩子从小就形成"自我感觉"良好的性格。他是家里的小霸王，任性、刁蛮却又讨人喜欢。爸爸妈妈以为孩子还小，长大了，一些坏习惯就会慢慢改掉。可事实上，孩子的这一毛病随着年龄的增长有增无减。

5 岁的时候，每次妈妈带他出门跟其他小朋友玩，他都会打别的小朋友，妈妈只好跟在后面不断向别的妈妈道歉。妈妈批评小叶文不讲理，可小叶文却振振有词地对妈妈说："他是一个坏孩子，不让我跟他一起玩，所以我就打他。"

当叶文年纪再大一点，就更不听话，妈妈一说他，他就顶嘴，有时甚至会怒骂爸爸妈妈，气得叶文的爸爸妈妈想送他去住校，来个眼不见为净。

显然，故事中的小叶文之所以那般霸道、骄纵、自负，与他自小所受到的过多的赞美与关注是分不开的。大人的喜爱与无度的赞美让孩子慢慢就滋长了过分自信、唯我独尊的毛病。这种孩子在外与人相处时，都比较容易盛气凌人，自以为是。这对孩子的成长相当不利。

一个从小就骄纵、自负、自以为是的孩子，往往没有办法客观地评价自我，也不能客观地评价他人，一旦受到"冷落"就可能因为觉得"不被重视"而变得自暴自弃。

一个从小就骄纵、自负、自以为高人一等的孩子受不了半点挫折与失败，一遭失败，就可能毁了他的一生。

一个骄纵、自负、自以为是的孩子在他与外界之间竖起了一道无形的"城墙"。他们大多数时间生活在自己的世界里的，对其他的孩子不是贬损就是嫉妒，因此生活在自己的心理阴影中郁郁寡欢。

当然，这些"骄傲"的孩子有着让他们骄傲的优点：如成绩优秀、受老师宠爱等。然而正是他们的"骄傲"，令他们把自己锁在"骄傲王国"里，逐渐变得狭隘、自私、跋扈、骄横，眼里容不下别人，这样的孩子不但伤害到别人，也伤害了自己，导致最后连一个朋友也没有。因为，没有人喜欢跟一个整天夸夸其谈，狂傲自大的人交朋友的。

因此，家长一定不要姑息孩子的骄纵与自负，必要的时候，应该向这些孩子"泼点冷水"。对于这种孩子来说，只有在挫折与忍耐中学习，才能慢慢成长起来。专家建议，对于骄纵、自负、不听话的孩子，家长可以利用以下几个方式教育他：

1. 不要给孩子过多的关注

对于骄纵、自负的孩子来说，对付他们的最好办法就是不要对他太好，更不能对孩子的一些"聪明"表现沾沾自喜，在孩子无理取闹时，家长一定要制止。爸爸妈妈一定要立定原则，他要哭就任凭他哭，不可因为要求得一时安宁或者心疼哭闹就放松原则。

2. 不要给孩子太多的称赞

当今社会的普遍情形为：孩子考得好了，孩子喜笑颜开，家长眉开眼笑。孩子阅历有限，在成功面前头脑容易发热，家长这时如果沉着，也会使孩子冷静下来。而这时，如果家长对优点百般追捧，对缺点却视而不见，长期下来，孩子势必会滋长骄傲自满的毛病。

3. 减少孩子的表现机会

对骄纵、自负的孩子，不要给特殊的待遇，要减少他们表现自己的机会。

4. 让孩子学会正确评价自己

家长应告诉孩子人各有长短，即使是最卑微、最弱小的人，也有其他人所不及的地方；同样，再强大的人也都有他自己的弱点。不可用自己的长处去与他人的短处进行比较。

5. 进行挫折训练，让他们尝试失败的教训

对骄纵、自负的孩子进行受挫折训练，让他们尝试失败的教训，这是对他们最实际的磨炼和提出的更高要求。骄纵、自负的孩子大多能力强，家长可以提出较难的问题，请他们回答或者让他们做一些较难的事情，使他们感觉到自己也有办不到的时候，也有需要别人帮助的时候，这对孩子的性格的培养是有利的。

6. 树立榜样，培养孩子谦虚的品质

在家庭生活中，母亲的言行举止时刻影响着自己的孩子，所以，母亲应该成为孩子高尚人格的榜样，要谦虚友善，不要在孩子面前表现出骄傲得情绪，以免孩子受到不良影响。

乔治·布什的母亲多萝西是一位伟大的母亲。她经常告诫自己的孩子，无论在任何事、任何人面前，都不要骄傲自满、自高自大，只有这样才能使自己永远保持进步，获得更多人的尊重。这是作为一个母亲应该努力传给孩子们的一种品行。

一次，乔治说他输了一场网球赛，原因是他竞技状态不佳而发挥失常，否则以他的技艺决不会败北。对此，母亲立刻纠正："如果你不改掉自傲的品性，你的状态就永远不会正常。"乔治面有愧色。过了很久，母亲都在注意乔治的行为和表现。

每当乔治出现了自傲的情绪和言语，母亲总是旁敲侧击，令小乔治改过。

乔治当了副总统以后，母亲丝毫没有懈怠，对他的要求仍旧很严格。有一次，里根总统发表讲话时，乔治似乎在看什么稿子。母亲发现后批评他行为不妥，让人觉得傲慢无理。乔治解释说他是边听边看讲稿，并没有干别的，母亲却驳回了他的解释，直到乔治认识到自己的错误。像这样的事例还有很多，乔治曾跟身边的一些人说过，母亲批评他有点"谈自己谈得过多"。

1992 年，乔治·布什当选总统后几天，母亲去世，享年91 岁。她用自己的一生监督乔治的言行，防止他产生自傲情绪。在病榻旁，乔治找出一些自己曾经写给母亲的信，内容如下：她是全家的灯塔和中心，她是一支照亮周围众生灵的明烛。她坚强有力，从不自高自大，爱心正是她的力量所在，那是对他人的关怀，是她最美好之处……这是母亲一生的写照，也是乔治对母亲深情的赞扬。母亲的高尚品格和谆谆教诲，帮助乔治·布什在美国的历史上写下了自己的名字，她为世界上千千万万个母亲树立了成功的典范。

有的母亲怕打击孩子的自信心，总是不敢纠正其自傲心理。自信心固然对于一个人的成功非常重要，但培养孩子自信心，并不是鼓励孩子骄傲自大、旁若无人、自以为是。当然，在孩子因为知道"不足"泄气的时候，家长还是需要给孩子打打气的！

心胸狭窄的孩子难有作为

社会心理学的研究表明，那些在人际交往中颇受好评，很有"人缘"的人一般都乐观、聪明、有个性、独立性强、坦诚、有幽默感、能为他人着想、心胸宽阔。因为心胸宽阔，为他人所喜欢，不但能收获到友情，还能获得成功的机会。

但是，令人遗憾的是，并不是所有的人都具有开阔的心胸。

在我们的身边，有很多孩子，在成长的过程中，由于受多方面因素影响，逐渐形成了狭隘的心理。这种心理严重地影响到孩子的学习和交往，成为孩子身心发展的严重障碍。

这里就有这么一个例子：

晓阳今年10岁，是小学5年级的学生。这孩子平素很争气，很好强，学习成绩也相当优秀，表现更是突出。美中不足的是，这个孩子的气量小了点。平日里，做了错事，妈妈批评她几句，她就噘起嘴巴半天也不跟妈妈说一句话；在学校里，如果同学背地里说了她什么坏话，被她知道了，必定不依不饶，一副不说清楚我跟你没完的架势，所以，班上的同学都挺怕她的。然而，因为她各门功课都名列前茅，所以，家长并没有把她的缺点太放在心上。

不幸也就在这时候发生了。

六一儿童节，学校组织节日旅游，每个同学要交100元费用。她向妈妈要钱。妈妈对她说："最近单位不景气，爸爸又长年有病在身，这次你就先不去了，等以后有机会，妈妈带你去。"

晓阳一听这话，就拉长了脸："又是效益不好，又是不景气，同学和老师如果知道我因为交不起 100 元钱不去旅游的话，他们会怎么看我呢？那样我多没面子呀！"

妈妈一听这话也急了："你这孩子怎么这么不懂事呢？你说是你爸的命重要还是你的面子重要？要知道你是这样没有良心的孩子，我早应该把你扔水沟里了！"

不想，就因为这么一句话，晓阳就觉得妈妈不爱她，不理解她的感受。当天晚上，她趁爸爸妈妈睡着的时候，从他们家的阳台上纵身而下……

这么一朵娇艳无比的花儿就这么被"狭隘"摧毁了。如果晓阳对她的父母能多点体谅与理解，晓阳的父母能及早发现孩子的这一性格障碍，这样的惨剧也许就不会发生了。这是值得我们所有的家长引以为戒的呀。

那么，我们可以从哪些方面判断自己的孩子是否同样具有狭隘型性格呢？一般来说，性格狭隘、偏执、器量小的孩子常常自视甚高，看问题非常主观，他们不能容忍不利于自己的议论和批评，更不能受到丝毫的委屈和无意的伤害；有偏见，嫉妒心强，不能容忍别人超过自己；对批评和挫折过分敏感，总是怀疑别人，习惯于把失败和责任归咎于他人。

出现了偏执性格者或表现出其中某些特点的孩子，往往与这些孩子形成了不正确的自我意识有关。孩子在成长过程中，他们越来越多地把注意力指向自我，强调自我的存在。此时如果有些心胸狭窄、以自我为中心的孩子不能客观、正确地评价自我，或盲目地维护自我而过高评价自己，或因自卑而以争强好胜的外表来掩盖，或对一些问题的看法受情绪支配，这样就容易走极端。偏执狭隘的性格使孩子在与人交往过程中很难被接受，他自己也会深陷于自己的情绪中无法自拔。严重的话，还可能导致孩子走上不归路，这与家长的期望背道而驰。

所以，孩子偏执、心胸狭窄的毛病不容忽视。那么，孩子偏执、狭隘的性格又是如何形成的呢？专家分析，孩子所以心胸狭隘，由以下几个方面的原因造成的：

1. 家长之间缺乏宽容

父母是孩子的第一任老师，作为第一任老师，我们是否在孩子的心灵上播撒过宽容他人与人为善的种子呢？有很多家长，经常因为一些小事情斤斤计较，争锋相对。日常生活中，因为在外面受了气，回到家里还耿耿于怀，甚至辱骂、中伤对方，无疑会在孩子心中投下"刻薄"的阴影。孩子在这样的家庭环境中成长起来，是不会懂得宽容的。

2. 视野狭小，导致"狭隘"

人与人之间如果封闭、孤独、不善交往，就会导致一个人心胸狭隘，宽容也就无从谈起了。家长要鼓励孩子走出自己狭小的天地，广交朋友，多见世面，不要把自己固定在自己固有的小天地里。同时还要不断地加强学习，提高自己的素养，激发生活的热情，让生活充满阳光，让心灵充满阳光。充满阳光的人生不正是我们所要追求的吗？

3. 管束过严，造成了孩子心灵上的创伤

家长往往 从成人的角度去要求孩子，甚至给孩子定下了许多的条条框框，规定这些不能做，那些不可碰，这些要求都是对"孩子气"的否定，实际上在清除"孩子气"中，我们连同孩子的个性也一同抹杀了。

家长对孩子要有宽容的态度，不能处处以条条框框约束他们，而是用理解和宽容来认可孩子的纯真天性，再引导和培养发展他们的个性。

综上所述，当你的孩子出现了偏执、狭隘等性格弱点时，家长不要把责任归咎于孩子自身。实际上，要了解孩子的问题，家长应先从自身找原因、从自己对孩子的教育方式上找原因，以更好地培养孩子宽阔的胸怀。唯有给孩子狭隘的心灵解禁，孩子才能活得更幸福、更豁达、更精彩！

第八章　引导孩子科学上网

理性对待孩子上网

　　数字时代，网络是一把双刃剑。网络是现实世界的缩影，通过网络可以足不出户地看世界，沟通不受空间的限制；网络也是一个信息集散地，网络的开放性与自由性又导致各种信息泥沙俱下，不良的信息大量充斥其中，真假混淆。

　　因而，网络既可以成为孩子学习的好帮手，让孩子更多更快地接受信息，认识世界；也可能给孩子带来负面影响，使孩子乱交友，打游戏，沉迷其中等。最后的结果，关键在于父母如何去引导。父母要做的就是提高孩子的分辨能力，从海量的信息中甄别精华，剔除糟粕。

　　一些父母在孩子进入初中后，就会感觉在辅导孩子学习或上网方面有些吃力了。有的父母本身学历就不高，遇到孩子学习不好或学习上遇到问题只能干着急，或是因为孩子整天打游戏，只知道担心害怕，却找不到正确的切入点，很多聪明的孩子就这样被耽误了。

其实，网络本来就是用来辅助学习的利器。使用网络作为孩子的学习辅助方式，有助于提升孩子的学习力。在保证网络安全的情况下，父母可以让孩子上网搜索、寻求答案作为学习的辅助手段，弥补父母能力缺失造成的教育缺位。

事实上也确实如此，很多的孩子开始在网上学习，老师用微信布置作业，孩子也借着网络作业的时间来更多地上网。例如，武汉市的一些小学老师，不少老师已经在网上布置作业，或鼓励学生们自己在网上学习。武汉硚口区名师杜旭霞认为："适当让孩子接触网络，利用网络，鼓励其参与拓展性的作业，有利于激发孩子的学习兴趣。网络作业一般都是开放性的题目，答案更多元化，可以有效培养学生的个性。"

所以，如何合理地控制孩子在网上的时间，引导孩子合理利用网络提高学习力，其重要性也越来越突出了。

1. 把网络当成学习机

有的父母逃避网络，认为孩子上网会耽误学习，有的父母对孩子则没有任何限制，这样都是不好的，父母要走出思想的误区。

父母要认识网络学习的优点，引导孩子利用网络进行学习。网络学习的优点在于它可以反复学、时间可以随心所欲、学习方式的变革、学习的广泛与有针对性地学习等。要教育孩子不能仅仅把它当成消遣的工具，而是要把它当成学习工具，从中慢慢吸收它提供的各种知识，从而在学习上助孩子一臂之力。教育专家陶宏开就充分肯定网络学习的模式，倡导孩子利用网络学习。

父母要学会选择，和孩子一起在浩如烟海的互联网中学习，找到切实可行的方法来提高学习成绩。父母自己要善于学习，提高自身的网络素养，以身作则，为孩子提供榜样，并为孩子在网络学习上提供有效的指导。例如，与孩子一起商讨网络学习计划，为孩子挑选有价值的网络资源，分享学校网络教育资源；注重培养孩子的自主学习能力，帮助找到有价值的网络资源；帮助孩子养成独立思考的习惯，减少对网络的依赖；充分利用网络的互动功能，促进孩子网络学习效果的最大化。

2. 与孩子一起上网

父母再忙，也要至少有一个人挤出时间和精力，与孩子一起上网，言传身教，修正孩子对互联网的片面认知。但父母要以孩子的朋友、玩伴甚至学习者的姿态出现，不能以监督者的姿态出现，与孩子共同查找资料、探讨问题，引导孩子将注意力集中在上网学习上。比如，孩子上网学习英语时，可以进入正规的英语学习网站中，获得课外知识，提高英语水平。父母利用孩子的兴趣，正确引导孩子用一些有价值的网站，如优秀的科普网站、教育网站、美文欣赏网站等开发智力的网络学习资源吸引孩子的注意力，让他从网络上很容易找到学习的内容，学习科普、编程、绘画、围棋等知识和能力。趣味性的学习内容易吸引孩子的注意力，让孩子在"玩"中学习，还能引起孩子的兴趣，从而提高学习效果。

3. 网络学习只是辅助，不可依赖网络

很多的孩子面对学习上的难题，陷入了坑里，他们不再查找书本，深入思考，完全依靠上网搜索答案，一有搞不懂的问题，第一反应就是去"百度"，产生了一种思维惰性。可是，过于依赖网络，就会失去思考的积极性，长此以往，就会失去思维的创造力。而且，"唯网是从"，结果也可能会出错。有一位妈妈就讲他的孩子，考试中有一道题是默写杜甫名句"出师未捷身先死"下一句，孩子答的是"常使英雄泪满襟"，而正确答案则是"长使英雄泪满襟"，因为孩子是从一个网站上记下来的。要知道，互联网这本"百科全书"如果不加甄别，就会以讹传讹。一味依赖网络，不利于孩子思考能力的培养，还助长了孩子的惰性。因此，父母们还须教会孩子：可以依靠网络，但不能依赖网络。千万不能用搜索代替思考，用鼠标代替书籍。

培养孩子的阅读情趣

网络浪潮的冲击、沉重的学业压力，使青少年学生"都说读书好，都喊没时间读书"。与此同时，功利性阅读正影响着孩子的阅读品位，甚至造成他们对读书的怨恨。另外，以网络为代表的新兴传播方式的兴起，也使孩子越来越"不习惯"传统的阅读方式。

于是乎，很多好书被埋没在劣质的印刷垃圾之中，无法与孩子相见；一些本来应该亲近好书的时间，被更多的作业、培优班、电玩游戏产品所取代；青少年阅读的工具从纸质书籍变成了屏幕阅读，使他们逐渐远离好书的芬芳。

有一位叫"橘子味也"的网友透露她的亲身经历：有一天，她到表姐家赴宴时，正赶上 8 月 31 日，小外甥正在书房里赶作业。表姐跟她唠叨："这孩子，整个暑假不是上网玩游戏，就是玩手机，老师布置的课外阅读都没读，暑假作业留到最后这几天才忙忙碌碌地赶，时间都花到上网上去了。"表姐两口子事务繁多，孩子都是婆婆在照看，虽然不是留守，基本上也处于放养状态。小外甥每天放学后，基本上就是趴在电脑上或是捏着手机，暑假也都在游戏中度过，失去了对学习的兴趣。表姐告诉她，就这个学期的期末考试，孩子在作文里用了不少的网络热词，什么"陈独秀你坐下""李时珍的皮""逗比"……，为此作文扣了很多分不说，表姐作为家长还被老师约谈，让她加强对孩子上网的监管。表姐不禁感叹："现在的孩子啊，都跟网络学坏了。"

许多孩子把大量的时间都花在了游戏、网络阅读、搞笑视频上，真正用在读书上的时间少而又少。为此，越来越多的父母呼吁：孩子，为了你的未来，请不要远离书香！走出网络，沉下心来，读一本好书吧！

1. 网络时代，如何引导学生读书

网络时代，引导孩子读书要遵循两大原则：第一，要培养孩子良好的读书习惯，父母要帮助孩子建立科学的读书观，使他们对书籍产生浓厚的兴趣；努力指导他们掌握基本的读书方法和技巧，形成良好的读书习惯。第二，引导孩子科学把握网络阅读。实事求是地说，一方面，网络的丰富知识为青少年知识的再创造提供了条件，但另一方面，网络中的东西良莠不齐，对缺乏判断力的青少年而言，难免会对其产生负面影响。父母要积极引导孩子自觉远离网络糟粕，有选择地进行网络阅读，将个人追求与网络阅读和学习相结合。

网络时代引导孩子读书还要奏好四部曲。

第一，指导孩子选择好书籍。父母应注意引导学生阅读健康有益、积极向上的书籍，想方设法激发其阅读兴趣。

第二，教给孩子正确的读书方法，如有些书可以泛读、精读，有些书需要细读慢品，摘录好词好句、写读书笔记等，还要不定期进行检查和指导，帮助孩子养成良好的读书习惯。

第三，把阅读当作朋友。书籍是人最好的朋友。心里烦闷的时候，找本好书看看，它将陪伴我们展开翅膀飞上蓝天。当我们引导孩子投入其中，亲身体会到阅读的妙处，把阅读当作朋友，可以让孩子在不知不觉中获得感受。父母可以将孩子的读书计划化整为零，循序渐进地指导孩子阅读。孩子把阅读当作朋友，就会自觉扩大阅读面。

第四，见缝插针，丰富自己。看书，既是一种休息方式，也是充实自身的手段。

2. 父母先做读书人

网络娱乐化过度，很容易使孩子淹没在安逸沉沦中，丧失思考能力。培养孩子的文学素养是重中之重。文学的积累，可以让孩子突破自我的局限，与更多优秀的灵魂对话，使孩子胸有丘壑，思想充实。

网络快餐文化不能一概判定为坏，但对"三观"未成的孩子来说，最好还是一步一个脚印，多读经典书籍，多读好书，养成扎实的文学素养。《中国诗词大会》上，有一位年仅16岁就拿下冠军的豆蔻少女武亦姝，从小就浸润在文学的怀抱中，长久的文学积累，造就了她温婉知性、腹有诗书气自华的气质。一个人读过的书，终将沉淀到他的漫漫人生，从而改变一生。

每个爱读书的孩子背后都有一个书虫的父母。父母应当是学生读书最重要的引领人，要做好这个引领人，父母应先是一位手不释卷的读书人。父母孜孜不倦地读书，陶醉于书香之中，以榜样的力量引导孩子走向传统阅读。若父母从来不读书，则孩子很难知道阅读有什么意义。

3. 电子阅读还是纸质书，父母该如何为孩子选择

网络阅读是对书本知识的良好补充。网络阅读和传统阅读效果大不相同，网络阅读更多地呈现碎片化阅读、快餐化阅读、浅阅读，鼓励人们浏览，阅读之后，给人的记忆往往不深刻，影响孩子对作品的整体理解。这种阅读方式还很容易让人变得心浮气躁，等再想深刻阅读、仔细琢磨这些内容时，人的心已经沉不下来了。

一位资深的语文老师说："如果中小学生长期依赖网络阅读，课外阅读量尤其是经典阅读量势必减少，深度阅读严重不足，在审美阅读、情感阅读、拓展心智的阅读方面严重缺失，最终导致孩子语言肤浅、文化品位降低，难以养成思考的习惯，不去关注现实，也不去关注自我的内心。"

孩子阅读经典图书的过程，是孩子轻松理解作者思想精髓的过程，经典作品经过了岁月的淘洗，是经过人们公认的具有思想含量，对孩子心灵的滋养润物细无声的作品。其中的"营养"是超越学业的，它足以改变孩子的一生。无论电子书还是纸质书籍，它们之间只有分立，没有对立，能否坚持一种深得人类精华滋养的阅读习惯才是最重要的。父母在引导孩子上网的同时，还要用好书培养孩子的阅读情趣，无论这种书是

纸质的图书还是网上的电子版的书籍。

别让孩子沉迷于网络

有一位父亲问：为什么美国孩子很少有人沉迷网络游戏？要知道，早在 30 多年前，美国已经实现全电脑化办公，美国的孩子生存在电脑世界里。也就是说，父母先于孩子用电脑，从小就向孩子灌输"网络信息源""网络工具化"等网络理念。孩子自然而然地把网络当成了获取信息的主要工具，而不是娱乐。而在中国，首先接触电脑的却是孩子。父母对网络认识的滞后，加上父母长期使用手机等行为给孩子留下了负面影响，使孩子产生了"网络娱乐化"的错误认识。

2016 年 7 月 12 日，有一则小学生巨额打赏女主播的报道引起了不少父母的震惊。该女主播是上海某传媒公司网络主播，月收入高达 10 万元以上。其男友从她的微信记录，怀疑其出轨，而怀疑的出轨对象并非成年人，而是一名小学生。一对恋人因此大吵起来，终至分手。男子之后又数次联系女友，对方均未理睬，男子一怒之下赶到其公司门口大吵大闹，扬言要女友付出代价。

《2017～2018 年首都青少年上网行为研究报告》指出，当下，青少年网络使用更多地偏向于休闲娱乐，而真正有利于青少年成长的正向价值却很少得到充分利用。在青少年上网的目的中，排名前三的就是网络游戏、聊天交友和查资料。按上网行为分类，娱乐是主要目的，其次是网络社交。青少年较喜爱娱乐、电竞类题材的网络主播，包括有 12.9% 的青少年还表示愿意给网络主播打赏。报告还指出，青少年容易受直播平台不良内容的影响。这几年，因"王者荣耀""吃鸡""抖音"等平台牵涉的事故数不胜数。

许多父母一到暑期，就为孩子像脱缰的野马似的，整天抱着手机电脑玩不停，甚至连吃饭睡觉都不顾，学习作业抛却九霄云外而操碎了心。

网络的丰富多彩和多元化特点，在为青少年提供学习资源的同时，也为他们提供了消遣和娱乐、放松精神的空间。娱乐心理是青少年在虚拟的网络空间的典型心理。他们通过网络游戏释放学习和生活的压力，摆脱和缓和心理上的紧张和压抑的情绪；通过网络电影、短视频、音乐等获得平衡感，也为生活增添了一抹光彩。青少年也需要必要的网络娱乐。然而，正如古人所说："勤有功，戏无益。"虽说"戏"并非完全无益，但毕竟需要有一定的尺度。过度"戏"，就会成为网络沉迷。青少年孩子沉迷网络游戏，为网络游戏或其他网络娱乐耽误学业、耽误前程，甚至为了上网而迷失自我，失去基本的传统道德，则是真正的为了网络而疯狂了。所以，对青少年网络娱乐还应一分为二来看待。

1. 网络娱乐对青少年的好处

从积极态度出发，网络娱乐对于正在背负着压力和其他重负的青少年来说，有四大好处。

一、网络娱乐的互动性特点满足了青少年日益增长的参与意识。体现了参与的平等性，提供了青少年自信的条件，化解了青少年成长的心理压力。在互联网娱乐面前青少年得到了彻底平等参与的机会，他们通过轻轻松松的自愿娱乐得到精神的慰藉，减轻了成长的压力。一句话，他需要玩，这里好玩，他的压力就得到化解。

二、网络娱乐载体的信息海量和无限性，开阔了青少年的视野，满足了青少年求知的欲望，满足了青少年个性形成和发展的需要，同时也促进了青少年思维能力的训练。青少年可以把求知和娱乐的触角伸向无边的世界，在多元文化的接触当中使青少年得到精神的满足和思维的训练，给他提供足够的营养。

三、网络娱乐提供和普及了各种新颖的愉悦手段，也提供了对人生选择进行尝试的试验条件。

四、网络娱乐的休闲性，使得青少年摆脱了逆反心理，使他们愿意接受网络娱乐中的教育因素。因为它是休闲娱乐，青少年的逆反心理对这一类的内容是不设防的，在这里加入一些积极的教育内容，能使孩子比较容易接受。

2. 别让孩子成了网络娱乐的玩物

网络的娱乐性也存在很多的风险和值得注意的问题，如"网瘾"的问题、不良信息传播的问题、黄色信息的问题等。比如，"王者荣耀"和"吃鸡"还在令许多父母焦头烂额时，快手和抖音又火起来了。这些网络视频 App，裹挟着多少不经世事的孩子加入其中，有的孩子刚走出"荣耀"的坑，又掉进了"抖音"的坑，至于学习，早放到一边喝凉水去了。

虽然网络上有许多孩子喜爱的事情，但父母教育孩子应该把握好主次，知道该干什么，不该干什么。青少年的主要任务是学习，上网应该作为学习的辅助工具，玩游戏等娱乐行为虽然无可厚非，但学习才是第一位的，娱乐只可当作学习之外的放松手段。

网络娱乐是青少年生活的调剂，但不能过于沉迷其中。学业是青少年生活的重心，在学习之余通过适当的网络娱乐放松神经，但一定要适可而止。父母要教育孩子认清娱乐的目的是更好地学习和愉快地生活，并引导孩子提高其自制力。过于网络娱乐化，是以牺牲学习为代价的，虽然可以暂时地释放学习压力和竞争压力，让心情得以缓解，但时间久了，还会被网络蚕食孩子的学习力和专注力，逐渐丧失进取心和思考的能力。如果孩子成了网络娱乐的玩物，是得不偿失的。

因此，为了你的孩子，请教会孩子学会自我控制，拒绝抖音和快手，远离"荣耀"，少"吃鸡"，真正把心思放到学习上。

大禹治水，疏而不堵

相传远古时期，洪水泛滥，舜帝派鲧治水，鲧堵而不疏，洪水到哪儿就堵哪儿，结果洪水更加泛滥，造成很大灾害。后来，鲧的儿子禹继续治水。他采取疏的办法，使百川归海，其因大功告成。鲧禹治水，方法不同，其结果迥异。

父母教育孩子也应以疏导的方法。教育上有种叫"禁果效应"的说法，意思是越是不准孩子干的事，孩子越是要去做。因此，当父母认为孩子不能做某事，最明智的做法是疏导，而不是采取粗暴强硬的办法去堵。

许多父母给孩子配了电脑或手机，希望孩子能利用网络资源拓宽视野，学习新的知识。然而由于缺少对孩子上网的正确引导，许多孩子上网只以玩游戏、聊天为目的。

2018 年 9 月初，中国青年报社会调查中心对 2000 名中小学生父母进行了一份调查，结果显示，87.3% 的父母表示自己周围沉迷于网络游戏的中小学生多。广东某外企员工，他的儿子 11 岁，很喜欢玩网络游戏，特别是父母不在家时，玩得更凶，周末和节假日从早上七八点要玩到晚上 12 点，这位父亲还说，甚至儿子甚至曾拿着爷爷的微信给游戏充值了好几百块钱。一位叫胡彬的父亲，有一个正在读初三的女儿，他坦言女儿一放学就打开电脑玩游戏，有时把饭碗端到电脑旁边吃饭边玩，都快中考了，脑子里完全没有复习的概念。

调查显示，农村中小学生玩网游的现象非常普遍，尤其是留守的孩子，不少孩子偷偷到网吧打游戏，有时会玩到深夜，到了白天上课时，往往精力不集中，打瞌睡，和同学谈起游戏情节或"打怪"技巧时则全"满血复活"了。到最后，越来越多的孩子沉迷于游戏而不可自拔，成绩一落千丈，父母愁云满面，为孩子过于沉迷网络而焦虑。

浙江一位校长曾带着 20 个不同年级的孩子去乌镇游学，坐车或者等餐的时候，所有孩子争分夺秒低头玩游戏，大点的孩子在玩"我的世界"，小点的孩子玩"贪吃蛇"。尽管这位校长知道孩子对智能手机没有抵抗力，但还是被眼前的"壮观"场面惊呆了。

很大一部分父母把网络看作毒品，时刻监督孩子、限制孩子上网，生怕孩子中了网络的"毒"。网络可以使孩子着迷，但并不是家里上不了网，孩子就不会上网了。父母应该都知道，青春期的孩子是很叛逆的，你越不让他们做的事情，他们越是想做，家里的电脑坏了，他们可以去网吧，在网吧，孩子学坏的概率更大。

因此，教孩子正确面对网络，父母需要做的是"疏"，而不是"堵"。大禹治水是以疏导为主，在现代社会中父母是挡不住网络的，父母只有和孩子一起走向网络。

1. 湮堵不如疏导

事后补救胜于事前预防。预防孩子沉迷游戏，把孩子的注意力从游戏转到学习上来，关键在于提高父母的教育水平，改善家庭的亲子关系。亲子关系和谐的家庭，孩子很少有思想压力和烦恼，父母能正确对待孩子游戏与学习的关系。父母要营造和谐温馨的家庭氛围，让家成为孩子心灵的港湾。

作为"数字原住民"，孩子不可能离开网络，父母要帮助孩子正确处理网络与学习的关系，帮助孩子改变对学习的态度，让孩子尝到学习成功带来的成就感，使其从"让我学"为"我要学"，增强孩子的内驱力。同时，培养孩子广泛的兴趣爱好，分散孩子对网络的注意力。青春期的孩子正处于叛逆期，父母要懂得避让，尽量不与孩子发生正面冲突，事后再说明理由，讲明道理。

2. 以一颗平常心做父母

父母要始终常怀一颗平常心，平静地看待孩子上网、玩游戏。首先要把自己的担忧和焦虑解决掉，才能理性地处理孩子上网的问题。

玩是孩子的天性，孩子玩游戏的过程，正是自我创造与自我实现的过程。网络游戏反映了网络化世界的生活方式，并提供了具有时代特征的知识。好的网络游戏具有一定的文化内涵，健康的网络游戏同样能起到学习知识、训练技能、娱乐身心的积极作用。在网络游戏中，孩子自我创造、自我实现，从中获得成就感，获得枯燥的学习中所没有的快乐感。

当父母知晓网络游戏对孩子的意义了，再去反思孩子与电子产品的关系，就不会那么感性地去处理孩子沉迷上网的问题了，也就没有那么焦躁了。

了解孩子，接纳孩子，始终是家庭教育的第一要素。父母的心情平和相当重要。孩子喜欢玩游戏也好，喜欢读书也好，父母不要去强硬地干涉，告诫自己，平下心来，不要发怒。当然，也不是说对孩子沉迷上网就不闻不问了，自己一忙碌就扔给孩子手机，让他一边去玩，这样毫无疑问会增加孩子对网络、对手机的依赖。所以，父母要学会大禹治水，疏而不堵。大禹治水是"顺水性"，父母也可以"顺孩子性"，试着接纳孩子，然后耐心地疏导网络每一个缺口，相信父母都愿意去"教育"孩子，而不是去"管理"孩子。

3. 对孩子的疏导是比治理黄河还要需要耐心的工程

要知道，对黄河的疏导是一个浩大的过程，而教育孩子的工程量同样艰巨。并不是只有孩子上网后出现了问题才需要父母进行疏导；疏导是个慢活儿，要从孩子第一天触网开始，就耐心面对这项工程。在孩子接触前，父母就应积极地勘察好每一个可能出现问题的地方。这样，孩子才能"平安驾驶"，顺利达到目的站。

让游戏成为"第二世界"

2018 年 5 月 30 日，新华网发文《多少道文件才能管住网游对少年儿童的戕害》，呼吁加强网络游戏的监管力度，文章对当下网游对少年儿童的戕害，让父母忧心忡忡的问题深感担忧，希望网游厂商不要再以孩子为目标，并希望网游开发者能多创作对孩子身体素质有积极影响的作品，如安全教育、心理健康、传统文化等方面的网络游戏。文章还援引业内人士的分析指出，大多数网游在设计之初，就会刻意放大人性的弱点，以提高用户的贡献值。在这种刻意的设计下，成年人接触网游能不沉溺其中已属不易了，何况是对网游的诱惑毫无自制力的孩子呢！

正因为如此，许多父母谈及网络游戏几乎都闻声色变：可不敢让孩子玩那玩意儿！许多网络报道也以活生生的事例向人们展示了网络游戏对青少年造成的伤害以及给家庭带来伤害的残酷性。"中国戒网"第一人陶宏开就大力向网瘾开战，矛头直指网络游戏，对网络游戏大力讨伐，批判网络游戏。某未成年犯管教所中，70% 以上的青少年为抢劫犯罪，其中高达 80% 的人与网游有关。

"互联网＋"时代，既然父母无法阻止孩子玩游戏，不如让孩子去了解游戏。其实，网络游戏并非百害而无一利的，若父母正确对待网络游戏，还有利于孩子的成长。

李涛是一名职业游戏制作人，他从小就带着孩子一起玩游戏，在他看来，游戏是孩子的一种娱乐方式。在对待孩子玩网络游戏的问题上，李涛告诉孩子说："儿子，你玩游戏是很正常的娱乐，不必怀有罪恶感，但要记住不可沉溺到游戏中去了。就像游泳一样，在水边游一会儿就行了，但要游到大海里去了，就容易被淹死。"他让孩子自己安排游戏的时间，并帮助孩子挑选适合孩子玩的高质量的网络游戏。通过网络游戏，孩子可以暂时忘却学习的紧张和竞争的压力，得到全身心的放松，体味游戏中闯关成功的感觉。在李涛看来，游戏就是帮助孩子成长的"第二世界"，孩子的生活需要有游戏，但并不只有游戏。

1. 青少年需要网络游戏

青少年需要网络，需要游戏，需要网络游戏。青少年面对网络游戏，更重要的是能实现自己对网络游戏的需求。

不可否认，不良的网络游戏会给青少年的成长带来不可忽视的负面影响，但它也有促进青少年成长的一面，它能带给参与者一种竞争进步的心态，通过网络，在竞争者中展现自我；玩家在游戏过程中通过不断的互动升级，同样也是一种充满生命力的学习过程；一些益智游戏对锻炼孩子的思维能力，提高孩子的判断力、反应力也有裨益。因此，适度的游戏，带给孩子的不仅是感觉的刺激，还有在游戏过程中带来的思维能力的锻炼，满足了青少年多方面的精神需求。不过，这些游戏教育功能必须以适度为前提，过于沉迷就会适得其反了。

这就是网络游戏的生命力。只要把握好游戏的内容和玩游戏的度，中小学生玩玩网络游戏的好处是很多的。当然，孩子玩网络游戏也是有一定要求的：一是不能有任何暴力和色情镜头，这是最基本的；二是有助于训练孩子的观察力和逻辑判断能力。

2. 不是游戏本身的问题，而是孩子缺乏自制力

孩子一味地沉浸在网络游戏中，对网络游戏的无限制满足，还是有益的吗？无节制地沉浸在网络游戏中，把青春作为筹码玩网游，损害终将大于裨益。大多数网络游戏的模式都是一样的，离不开金钱、等级、技能，游戏玩家在现实中无法得到的事物，在游戏中都能获得满足，这对于玩游戏的孩子而言，是一种温暖的安慰。

许多名人也是游戏的忠实爱好者，他们并没有因为游戏而荒废自己。所以，问题本身并不在于网络游戏本身，还与孩子缺乏自制力、缺乏兴趣爱好与人生目标有关。如果孩子的内心空虚，网络游戏对他就会成为"电子鸦片"。

孩子在网络游戏中的"成长"，是一种面对压力对现实生活的反叛；在网络游戏中的沉溺是一种现实心理成长向虚拟成长的扭曲；对网络游戏的享受，是一种现实心理困惑的麻木；对网络游戏的消耗，是一种青春无托的消耗。孩子玩网络游戏，只是消耗时光，虚度光阴。网络游戏能暂时给孩子带来刺激，但这只是对因躲避学业，因对教师和父母的期望而内疚的一种麻醉。

淘米网 CEO 汪海兵认为："我们不应该没有游戏，但是我们绝对不能沉迷于游戏，我们应该有节制地进行健康的游戏。"父母应该使孩子明白，网络游戏仅仅是他们成长过程中必需的元素，而不是占据整个现实生活。

3. 引导孩子在游戏中走向创造

父母如果能引导孩子自己设计游戏，在游戏中走向创造，会让孩子学到许多东西，从各方面得到有益锻炼。有条件的父母，可以将游戏设计和创造作为孩子的发展方向。蔡朝阳，一位教育工作者，他曾经创造了一个机会，让自己的学生与一家大型软件公司执行 CEO 对话。面对孩子们玩游戏的热情，那位 CEO 说："游戏玩得好并不厉害，做游戏的设计者才厉害。游戏的设计者，创造了一个世界，有上帝的感觉。"的确，让人最过瘾、最痛快的事情，就是创造本身。

正确引导孩子使用电子产品

如今，网络游戏、智能手机、平板电脑等，无时无刻不在吸引着孩子。而智能手机和平板等电子产品，多变而有趣的声光刺激以及反应灵敏的可操控性，让孩子对这些电子产品的兴趣一再增强，它们的魅力足以让吵闹不休的孩子瞬间变得安静而专心。尤其是每到寒假、暑假，孩子们恰如出笼之鸟，虽然自由了，却不往外飞，只是宅在家里，也不看书，只是上网看电影、玩游戏。

本应成为孩子的学习工具和通信工具的手机和平板，对父母来说，却成了"新型病毒"。一位小学六年级的学生说："如果没有智能手机，放学回家的途中，我都不知道同学们都说什么话了，所以才会不安。我沉迷进去虽然会挨骂，但朋友们说话时我可以插进话。"不少孩子和这位学生一样，睡前的时间必定留给了手机，房间灯一关，手机屏就要亮。睡前拿着手机干啥？刷微信、微博、聊 QQ，或是看网络小说、看韩剧，等等。

一位老师忧心忡忡地说："班上 40 个孩子，近一半配有手机。很多孩子上课时不认真听讲，偷偷用手机玩游戏。有的孩子用手机浏览到色情、暴力等'刺激'内容时，还会截屏保存，私下里传阅分享。"重庆渝北区某小学六年级班主任陈老师也一直在为学生上课玩手机而感慨："有些同学上课时也在用，尤其是上非主科或不感兴趣的课程时。"

经常玩手机的孩子和不玩手机的孩子有多大的区别呢？美国的一位心理学家在 10 年前就选取了 100 名孩子做跟踪调查，痴迷手机的 50 人为一组，另一组为正常使用或不使用手机者。10 年后，痴迷手机的一组孩子，只有 2 位考上了大学，另一组几乎全部考上了大学，并有 16 位获得了学校的全额奖学金。

常玩手机的孩子不但缺乏和外界的沟通，破坏人际关系，对父母的叛逆心理也更强。手机浏览网页、视频和游戏时，缺乏相应的监管，导致很多孩子受黄色、暴力信息的影响，发生"跑偏"。孩子的专注力及社会互动等方面的发展都可能受到影响。手机隔绝了孩子和外界的关联，增加了孩子的孤独感，使其变得懒散、消沉，生活圈子变窄，甚至对生活失去兴趣，削弱了思考的能力，这对孩子的学习影响尤其明显……

相比于手机，生活永远更精彩，多看看外面的风景，比手机其实更有趣，千万不要被智能手机等电子产品操控而沦为"屏奴"。

1. 别让手机、平板成为电子保姆

也许，毁掉一个孩子最好的方法，就是给他一部手机。父母在一天辛劳工作过后，把手机给孩子不失为一种换取喘息之机的策略。然而，过多的屏幕时间，会阻碍孩子正在成长中的大脑。孩子的大脑处于快速成长的阶段，他们需要的是与人而不是屏幕互动。经常出差在外的盛先生，在火车上看到一个年轻的妈妈带着孩子回家办理小学入学手续，把手机给孩子玩着"暗黑西游记"，自己从头到尾一直在跟旁边的生意伙伴聊天。

电子产品已经成为不可或缺的日常物品，父母须适度地提供及监督孩子使用，规范孩子使用的时间与时机，同时计划其他活动（如户外运动、陪孩子阅读、互动式游戏等）以真正充实孩子的生活。别贪图一时方便而让电子产品成了孩子的保姆。

媒介素养专家张海波认为："00后""10后"的孩子，从出生后就是面对无所不在的网络世界的"数字原住民"，是土生土长的网络时代的宠儿，他们的生活方式与网络息息相关。父母不妨也做大禹，疏导孩子的网络素养，像培养孩子的文学素养、艺术素养一样培养孩子的网络素养。

2. 不要为孩子树立负面"榜样"

很多时候父母只顾着对孩子发号施令，却忘记自己要以身作则。如果孩子沉迷于手机游戏，首先反思的，应该是父母。不要为孩子树立负面"榜样"。著名主持人李小萌用她的亲身体会告诉广大父母："有一次我女儿跟别人形容我时就一句话：'我妈妈只会看手机。'我当时挺挫败的，孩子描述的不一定是全部的事实，但一定是她的真实感受。孩子过度依赖电子设备，需要改变的是父母。"

我们时常可以看到，越来越多的父母对手机的热爱更甚于对孩子的关注，一回到家就忙着打开手机刷着朋友圈。父母在家用手机也会影响对孩子的关注，减少陪伴孩子的时间，使亲子关系变得疏远。父母忽视了自己的榜样作用，上行下效，孩子怎能不跟着学？"爸爸可以玩手机，我当然也可以。"33岁的"奶爸"刘伟面对10岁儿子的发问竟无言以对。

要想防止孩子滥用手机，父母要树立好的榜样，并挤出一些时间来陪伴、关注孩子。父母要重视与孩子的沟通交流，建立良好的亲子关系，适时增强孩子的网络素养，恰当处理孩子与手机的关系。千万别让手机、平板充当孩子的电子保姆，无论工作再忙，都不能忘记，父母的陪伴才是孩子人生中最大的财富。

3. 针对孩子的年龄采取不同的干预措施

对于读小学的孩子来说，父母对孩子使用手机或平板不宜强势打压。父母可以与孩子协商玩手机的时长、次数，违反时可采取承担家务为责罚手段。父母要对自己的情绪和动机有一个正确的认识，目标是"孩子停止玩手机"，而不是"孩子乖乖停止玩手机"。父母要试着理解孩子的感受，但自己的情绪、态度都要保持镇定。如多次管教无效，也不要吼骂、发火，而应平静地提醒孩子："再不遵守约定，就只能没收你的手机了。"

对于已经升入初中的孩子来说，可以适当干预，引导孩子合理用手机。孩子的成长需要自己的空间，父母要多陪伴孩子，关注孩子的心理和行为变化。进入青春叛逆期的孩子，不宜对孩子强制禁网或禁止孩子用手机，应进行委婉的教育和沟通，再和孩子一起协商、调整使用手机的规则，并引导孩子合理使用手机的正面功能，同时，培养孩子的兴趣点，纠正孩子对手机的依赖。